Philosophie für Einsteiger

Wie Sie die Grundlagen der Philosophie kinderleicht verstehen und mittels praktischer Übungen in Ihrem Alltag erfolgreich anwenden

Jakob Schröter

Alle Ratschläge in diesem Buch wurden sorgfältig erwogen und geprüft. Eine Garantie kann dennoch nicht übernommen werden. Eine Haftung des Autors beziehungsweise des Verlags für jegliche Personen-, Sach- und Vermögensschäden ist daher ausgeschlossen.

INHALT

Das erwartet Sie in diesem Buch

Philosophie – der Begriff klingt faszinierend, schön, irgendwie romantisch und harmonisch und gleichzeitig nach großer geistiger Anstrengung. Dabei ist Philosophie eigentlich weder besonders romantisch noch besonders anstrengend.

Es stimmt, dass man sein Gehirn gebrauchen muss, und vielleicht übersteigt manches den normalen Menschenverstand, doch im Grunde bedeutet Philosophie nur, sich für den Menschen und die Welt zu interessieren. Das Bild, das man von alten griechischen Philosophen im Kopf hat, die mit ihren langen Gewändern in der Sonne Athens flanieren, während

sie ihre Gedanken austauschen, mag zwar romantisch erscheinen, jedoch ging es dabei oft um ernste
Themen und viele machten sich mit ihren teils revo-
lutionären Gedanken nicht nur Freunde.

Philosophie ist aber absolut kein „alter Hut",
sondern eine Geisteswissenschaft, die sich seit der
Antike durch die Entwicklung der Menschheit gezo-
gen und maßgeblich die Gesellschaft erschaffen hat,
in der wir heute leben. Zudem sind die zentralen
Themen der Philosophie heute noch so aktuell wie
damals und können für die Welt und jeden Einzelnen
einen wertvollen Beitrag leisten, um sich positiv
weiterzuentwickeln.

In diesem Ratgeber möchte ich Ihnen einen ersten Einblick in das große Thema Philosophie geben
und es Ihnen auch praktisch näherbringen. Nach einer Erklärung, was Philosophie genau ist und womit
sie sich konkret beschäftigt, möchte ich Ihnen daher
nicht nur einige wichtige philosophische Strömungen und Weisheiten der Philosophen vorstellen, sondern Ihnen zum Schluss auch einige Übungen und
Tipps mit auf den Weg geben, damit Sie ganz einfach
Philosophie in Ihr Leben integrieren können.

Aus Liebe zur Klugheit

Haben Sie sich schon einmal gefragt, wie man die Welt gerechter machen könnte, was Recht und Unrecht oder welches Verhalten moralisch richtig oder falsch ist? Denken Sie manchmal darüber nach, ob es einen Gott oder einen höheren Plan gibt, nach dem das Geschehen in der Welt verläuft? Machen Sie sich Gedanken darüber, wie wichtig die Natur ist, was Liebe oder was der Sinn des Lebens ist? Oder fragen Sie sich, was wirklich im Leben zählt, was Glück ist und wie man es erreichen kann? Das bedeutet, dass Sie sich Gedanken über die Welt und Ihr eigenes Leben machen, also nicht einfach alles hinnehmen, ohne es zu hinterfragen. Das ist sehr gut so, auch wenn es Ihnen vielleicht öfter Kopfzerbrechen bereitet, denn das heißt, dass Sie Ihren Verstand gebrauchen – und somit schon ein kleiner Philosoph oder eine kleine Philosophin sind. Vielleicht haben Sie dies schon erkannt und sich deshalb dieses Buch gekauft, um Ihr Denken zu erweitern, oder Sie erhoffen sich, durch die Weisheiten älterer, bekannter Philosophen Antworten auf Ihre Fragen zu finden.

Beides ist möglich – doch das gleich vorweg: Philosophie bedeutet „Liebe zur Klugheit", nicht „Klugheit" selbst. Sie werden in diesem Buch also viele Gedanken finden, mit denen Sie sich Ihre Fragen beantworten können, wenn Sie möchten, die aber in erster Linie Anregungen sind, um selbstständig zu denken.

Denn „Liebe zur Klugheit" bedeutet, dass man sich auf die Suche nach Weisheit begibt, aber nicht unbedingt, dass man endgültige Antworten findet. Mit jedem Gedanken wird man jedoch ein bisschen weiser und so lade ich Sie ein, in die Welt der Philosophie einzutauchen, alte Gedanken mitzunehmen und daraus neue zu entwickeln.

Viel Spaß beim Lesen, Lernen und Philosophieren!

Grundbegriffe der Philosophie

Was muss man tun, um ein Philosoph zu sein? Eigentlich nicht viel – nur nachdenken. Also im Grunde das, was man sowieso ständig tut. Es gibt allerdings einen Unterschied zum „normalen" Denken, denn dieses beschäftigt sich meistens mit alltäglich Unnötigem, wie zum Beispiel, was man einkaufen muss, welche Kleidung man auf der Party tragen sollte oder warum der Kollege einen nicht mag. Philosophisch zu denken, heißt hingegen, die Welt zu hinterfragen und sich Gedanken über die Dinge im Leben zu machen, die wirklich zählen.

Auch, wenn das sehr durchgeistigt klingt, möchte ich behaupten, dass so ziemlich jeder und jede schon einmal philosophiert hat. Denn so kompliziert mancher philosophische Gedanke auch erscheinen (oder sein) mag, meist steht an seinem Anfang doch eine Frage, die ein ganz alltäglicher Bestandteil des Lebens ist. Das Ziel ist das Nachdenken an sich und damit haben sich die Philosophen vergangener Jahrhunderte und Jahrtausende immer wieder gegenseitig angestoßen, infrage gestellt und weiterentwickelt.

WAS IST PHILOSOPHIE?

Philosophie beschäftigt sich mit dem Leben und allem, was das Menschsein und das menschliche Zusammenleben ausmacht und beeinflusst.

Darüber hinaus geht es aber auch um das richtige Verhalten in Bezug auf die Welt, die logischen Zusammenhänge des Weltgeschehens und das Denken an sich. Tugend, Ethik, Moral und Logik sind zentrale Aspekte jeder Philosophie. Das Bestreben der Philosophie ist somit alles, was in uns und um uns herum geschieht, besser zu verstehen und den „richtigen" Weg für das eigene Handeln zu finden. Die Themen reichen vom eigenen körperlichen

Dasein über Glück, Gerechtigkeit, Wissenschaft und Religion bis in das Universum. Beispiele für philosophische Fragen sind:

Was ist Liebe?

Was ist Glück?

Was ist Gerechtigkeit?

Was ist Freiheit?

Warum sterben wir?

Wohin gehen wir, wenn wir sterben?

Gibt es Schicksal?

Was können wir wissen?

Gibt es einen höheren Sinn der Geschehnisse?

Ist es ethisch vertretbar, Fleisch zu essen?

Wo ist das Ende des Universums?

Gibt es parallele Dimensionen?

Existieren die Dinge wirklich oder ist alles nur Einbildung?

Wer darf über andere herrschen?

Warum denken wir?

Was ist moralisch richtig und falsch?

Wie hängen Körper und Geist zusammen?

Gibt es einen Gott?

Darf der Mensch in die Natur eingreifen?

Was ist der Sinn des Lebens?

Dies sind nur einige wenige von unzähligen möglichen Fragen, wie sie in der Philosophie vorkommen. Die Grundfragen sind gemäß Immanuel Kant:

Was kann ich wissen?
Was soll ich tun?
Was darf ich hoffen?
Was ist der Mensch?

Und dementsprechend sind die Basisthemen der Philosophie die Metaphysik, die Ethik, die Religion und die Anthropologie. Hierbei handelt es sich um eine Weiterentwicklung der Themen der griechischen Antike, in der insbesondere Tugend, Wahrheit und die Natur eine zentrale Rolle spielten.

Grundsätzlich kann alles zur philosophischen Frage werden, wenn man es hinterfragt. Ein simples Beispiel, wie es im Philosophieunterricht verwendet wird, ist die Frage: „Ist noch Senf im Kühlschrank?" Hierbei denkt man zunächst: Was ist daran philosophisch? Entweder ist der Senf da oder nicht, je nachdem, ob man welchen gekauft oder ihn schon aufgebraucht hat. Auf den zweiten Blick ist es ein philosophisches Problem, denn woher wollen Sie wissen, dass der Senf im Kühlschrank ist, wenn die Kühlschranktür geschlossen ist? Die Antworten „ja" oder

„nein" setzen voraus, dass man wissen kann, was an einem Ort ist, den man gerade nicht sieht. Doch woher wollen Sie das wissen? Sie wissen nur, dass der Senf da war (oder nicht), als Sie das letzte Mal in den Kühlschrank geschaut haben. Doch wer sagt, dass nicht jemand inzwischen den Senf weggenommen oder aufgegessen hat? Und woher will man überhaupt wissen, dass das, was man gerade nicht sieht, in diesem Moment existiert?

Im menschlichen Denken sind grundsätzlich gewisse Normen verankert, wie etwas zu sein hat oder zu definieren ist. Diese Normen werden dem Menschen durch die Erziehung, den gesellschaftlichen, kulturellen und religiösen Kontext antrainiert und gehen in sein eigenes Denken über, sodass er sie als selbstverständlich und unumstößlich wahrnimmt. Die Philosophie geht über die Grenzen dieser Normen hinaus, hinterfragt sie kritisch und stößt sie um. Wird etwas philosophisch hinterfragt, löst es sich in Wohlgefallen auf, denn eine konkrete, unumstößliche Antwort gibt es nicht. Spätestens am Ende steht die Frage: Aber woher wollen wir wissen, dass es wirklich so ist?

Das Ziel der Philosophie ist daher nicht, eine allgemeingültige Antwort auf die jeweils gestellte Frage zu finden, sondern die bestehende Norm zu relativieren, den Denkprozess anzustoßen und für sich selbst die eigene (momentan) richtige Antwort zu finden. Hierfür setzt der Philosoph seinen Verstand ein, d. h., er versucht auf rationale Art und mit logischem Denken, sein Verständnis zu dem betreffenden Thema zu erweitern.

EPOCHEN UND STRÖMUNGEN DER PHILOSOPHIE – EIN ÜBERBLICK

Als eine der ersten Wissenschaften reicht die Geschichte der Philosophie bis ins Zeitalter der Antike zurück – also einige Jahrhunderte vor Christi Geburt. Besonders interessant ist, dass zu dieser Zeit in verschiedenen Kulturen gleichzeitig philosophische Strömungen aufkamen, von denen jede in ihrem Kulturkreis eine große Macht entfaltete – und das unabhängig voneinander in Griechenland, China, Indien, Persien und Israel. Man bezeichnet dies als die „Achsenzeit der Weltgeschichte". In der griechischen Antike waren Philosophie und Naturwissenschaften eng miteinander verbunden, woher die Bezeichnung „Mutter der Wissenschaften" kommt, während im Osten teils ein starker Bezug zur Religion bestand.

Bereits zum Ende der Antike ebbten die Ströme der Philosophie jedoch ab und es folgte in Europa lange Zeit nichts, oder so gut wie nichts, nachdem noch im Römischen Reich, welches zum Ende u. a. auch Griechenland beherrschte, das ursprünglich bekämpfte Christentum zur Staatsreligion geworden war. Obwohl das Christentum eigentlich die Botschaft von Nächstenliebe, Gleichheit und Toleranz vermittelt, wurde es im Mittelalter als Machtinstrument missbraucht.

Im Mittelalter dominierte die christliche Kirche über die Menschen, der Glauben nahm die oberste Rolle in der Gesellschaft ein. Auch die Herrschaft des Königs oder Kaisers leitete man aus dem Willen Gottes ab. Wer etwas anderes behauptete, galt als „Ketzer" und wurde hingerichtet. Philosophie gab es zwar, jedoch wurde nichts hinterfragt, sondern die Macht der Kirche bestätigt.

Die Philosophie wurde somit zum Instrument der Theologie degradiert. In der Epoche der Scholastik (9. bis 14. Jahrhundert) stellte man zwar philosophische Fragen und wog das Für und Wider kritisch ab, jedoch nur insoweit, wie die Grenzen des Glaubens es erlaubten. Zu nennen ist hier insbesondere Thomas von Aquin, der zu dem Schluss kam, dass Glaube und Vernunft sich nicht widersprächen, da sie beide von Gott kämen, und dass Gott das oberste Gesetz aufstelle, welches den Rahmen für das

Naturgesetz und insofern auch die menschliche Vernunft bilde. Er bezog sich allerdings auch auf den antiken Philosophen Aristoteles und die Tugenden, wie zum Beispiel Gerechtigkeit, Tapferkeit und Mäßigkeit, die in der griechischen Philosophie ein wichtiger Aspekt waren.

Zum Ende des Mittelalters wurde das Bürgertum stärker und die Einzelnen wagten es zunehmend, ihr eigenes Denken zu entwickeln.

Im Humanismus (ca. 1400 bis 1600) besannen sich Philosophen wie Petrarca und Erasmus von Rotterdam auf die Antike zurück und forderten in deren Sinne, dass der Mensch eine umfassende Bildung, ästhetische Empfindsamkeit, Aufrichtigkeit und politisches Selbstbewusstsein entwickelt. Fortan sollten ausschließlich die Vernunft und die Erfahrung zur Erkenntnis dienen, sodass der Einfluss kirchlicher oder staatlicher Autorität auf das Denken schwand.

Durch diesen philosophischen Umschwung wurde auch die Wissenschaft revolutioniert – so forschten zum Beispiel Nikolaus Kopernikus und Galileo Galilei am Universum und stellten fest, dass sich die Erde um die Sonne dreht, nicht die Sonne um die Erde, wie es zuvor durch die Kirche propagiert worden war.

Die nächste große Revolution des Weltbilds fand im Zeitalter der Aufklärung statt, als u. a. die Idee des modernen Staates aus dem Wert der Freiheit entwickelt wurde. Die freie Welt, in der wir heute leben, verdanken wir somit der Philosophie.

In der Moderne gab und gibt es weiterhin viele Philosophen, die in Bezug auf die Welt, die Gesellschaft und das menschliche Leben die Gedanken der vorherigen philosophischen Strömungen weiterentwickeln. In dieser Zeit mahnt die Philosophie vor allem zur Bescheidenheit, bietet Wege zum eigenen Glück und ruft zur Gleichstellung aller, insbesondere von Frauen und Männern, auf.

Im weiteren Verlauf des Ratgebers werde ich Ihnen die wichtigsten philosophischen Strömungen und ihre Denker tiefergehend vorstellen.

Philosophie als Wissenschaft und persönlicher Wegweiser

P hilosophie ist nicht nur ein Schulfach, das alternativ zu Religion angeboten wird, sondern auch ein universitärer Studiengang der Geisteswissenschaften. Sie hat als „Wissenschaft" allerdings einen schweren Stand, denn Kritiker führen an, dass sie sich im Umfang ihrer Themen sowie in ihrer Methodik grundlegend von anderen Wissenschaften unterscheidet.

Andere Wissenschaften beschäftigen sich mit einem spezifischen Spektrum von Themen, während die Philosophie sich mit allem befasst, was in die Bereiche der anderen Wissenschaften fällt, und es durch das Hinterfragen auf den Kopf stellt. Außerdem arbeitet sie – je nach Strömung – nicht mit Beweisen und Fakten wie die anderen Wissenschaften, sondern allein mit den Gedanken und erschafft dementsprechend lediglich Ansichten und keine Tatsachen.

Jedoch ist sie die „Mutter der Wissenschaften", denn mit Ausnahme von Jura, Theologie und Medizin haben sich alle anderen Wissenschaften aus ihr gebildet. Ohne Philosophie würde es also fast keine Wissenschaften geben, denn diesen würde der Grund ihrer Existenz fehlen. Am Anfang waren die Fragen und mit verschiedenen Methoden wurde aufgrund dieser Fragen begonnen, wissenschaftliche Antworten zu suchen. Würde man sagen, Philosophie sei keine Wissenschaft, würde man also die anderen Wissenschaften ihrer Grundlage berauben. Denn wozu sollte man noch forschen, wenn man gar keine Antworten sucht? Und wenn man Antworten sucht, ist es wieder Philosophie.

Als eine der ältesten Wissenschaften hat sie ihre Daseinsberechtigung insbesondere auch, da sie als einzige die Macht hat, uns die Augen für Tugend, Moral und Gerechtigkeit zu öffnen, weil sie Fakten und Normen nicht einfach als solche hinnimmt. So waren philosophische Gedanken mehrfach in der Geschichte ein Anlass zu grundlegenden Veränderungen, wie zum Beispiel der Französischen Revolution oder der Abschaffung der Sklaverei, und bilden eine wichtige Basis unserer gesellschaftlichen Werte und Strukturen. Zum Beispiel würde es ohne Philosophie wohl keine Demokratie geben, keine Freiheit und Gleichheit aller Bürger und kein Sozialsystem.

Um sich „Philosoph" zu nennen, muss man jedoch nicht Philosophie studiert haben. Vielmehr kann jeder Mensch ein Philosoph sein, wenn er es wagt, über die bisherigen Grenzen seines Denkens hinauszugehen.

Philosophie existiert aber nicht nur um der „Liebe zur Klugheit" Willen (was die wörtliche Übersetzung des Begriffs „philosophia" ist) und als Mittel, um die Welt für die Gemeinschaft der Menschen sowie für die natürliche Umwelt zu verbessern, sondern bietet jedem Einzelnen Möglichkeiten, sein Leben glücklicher zu gestalten, seinen persönlichen Lebenssinn zu finden und seinen Horizont zu erweitern. Durch Philosophie können Sie ausgeglichener werden und innere Stärke gewinnen, sodass Sie ein stressfreieres Leben führen und besser Ihre Ziele erreichen können. Indem Sie über das Leben und die Welt nachdenken, können Sie erkennen, was wirklich zählt, und auf die Art glücklicher werden, da Sie aufhören, sich über Nichtigkeiten zu ärgern und nach Dingen zu streben, die Sie nicht haben. Außerdem lernen Sie, die Welt als Ganzes zu sehen und Ereignisse von verschiedenen Seiten zu beleuchten, sodass Sie merken, dass das meiste nicht so schlecht ist, wie es sich für Sie anfühlt.

Darüber hinaus öffnen Sie Ihren Blick für Bereiche der Welt, die über Ihre eigene Umgebung hinausgehen, und denken darüber nach, was insgesamt für die Gesellschaft und die Umwelt wichtig ist. So regen Sie nicht nur Ihre grauen Zellen an, sondern entwickeln Ideen, wie man die Welt verbessern kann, und das Bestreben, selbst einen sinnvollen Beitrag dazu zu leisten. Auf die Art hilft die Philosophie wiederum auch Ihnen selbst, da Sie zum einen die Welt, in der Sie leben, ein bisschen besser machen, und zum anderen Ihr Selbstwertgefühl steigern.

Letzten Endes bewegt Philosophie nicht nur Sie zum verständigen Denken und Handeln, sondern wenn Sie anfangen, sich Gedanken zu machen, können Sie diese wie die bekannten Philosophen an andere Menschen weitergeben, sodass auch diese ihren Verstand einsetzen und daran mitarbeiten, eine bessere Welt zu erschaffen. In den folgenden Kapiteln finden Sie bereits einige Anregungen und philosophische Weisheiten; anschließend gebe ich Ihnen noch einige direkt umsetzbare Übungen und Tipps für Ihren philosophischen Alltag mit auf den Weg.

Griechische Antike

In Griechenland entstand ab dem 7./6. Jahrhundert vor Christus das erste umfassende europäische Kultursystem, in dem Kunst, Musik, Architektur, Geschichte, Literatur, Mythologie und verschiedene Wissenschaften wie Mathematik, Astronomie, Geografie, Biologie und Physik eine Einheit formten.

Da die alten Griechen Seefahrer und Händler waren, lernten sie andere Kulturen wie zum Beispiel Babylonien und Ägypten kennen, wo bereits Hochkulturen mit großem Wissen existierten. Dieses Wissen entwickelten die Griechen weiter, was insbesondere durch die Philosophen geschah. Die Philosophie war zu der Zeit in höchstem Maße anerkannt und das, worauf sich nahezu alles in der Gesellschaft und Wissenschaft aufbaute. Die ganze Epoche der griechisch-antiken Philosophie dauerte nur ca. 500 Jahre und doch wurde hier eine sehr große Bandbreite an philosophischen Theorien und Erkenntnissen entwickelt, die so fundiert sind, dass sie alle Philosophen folgender Epochen beeinflusst haben und die Grundfesten unserer Gesellschaft bilden.

In dieser Ursprungszeit der europäischen Philosophie waren es das Sein, die Wahrheit, die Erkenntnis sowie die Natur des Menschen und seine sittliche Bestimmung, welche die zentralen Themen ausmachten. Die „sittliche Bestimmung" meint dabei das Gute, die Tugend, die Seele und die Glückseligkeit. Zusammengefasst wurde dies unter „aletheia", was so viel wie Unverborgenheit bedeutet. Die Naturwissenschaften nahmen einen wichtigen Platz innerhalb der Philosophie ein, bzw. diverse Philosophen waren gleichzeitig auch Naturwissenschaftler.

So einfach verallgemeinern lässt sich das alles allerdings nicht, denn es gab unterschiedliche Epochen innerhalb der altgriechischen Philosophie sowie unterschiedliche Ansichten unter den jeweiligen Philosophen. Zudem waren sie in verschiedenen Gebieten spezialisiert, d. h. einer beschäftigte sich beispielsweise mehr mit Sprache, einer mehr mit Logik, ein dritter mehr mit Ethik und wieder ein anderer mehr mit juristischen Fragen. Meist befassten sie sich entweder mit Natur- oder Geisteswissenschaften, es gab jedoch einige wenige, die in beiden Bereichen eine hohe Begabung aufwiesen. Hierzu gehören zum Beispiel Pythagoras und Aristoteles.

VORSOKRATIK

Den Beginn fand die griechische Philosophie in der Vorsokratik, die ihren Namen (wie sich unschwer erkennen lässt) daher hat, dass sie die Philosophie vor der Zeit des Sokrates bezeichnet. Dieser galt als erster großer Weltphilosoph, der das Denken revolutionierte, sodass alles vor ihm lediglich als „vorsokratisch" betrachtet wird.

Die Vorsokratiker befassten sich in erster Linie mit dem Kosmos und seinen Gesetzen, der Seele und den Naturgesetzmäßigkeiten. Pythagoras beschäftigte sich nicht nur mit mathematischen Formeln, sondern entwickelte auch den Gedanken, dass die Seele und nicht der Körper das wahre Wesen des Menschen sei. Nach seiner Auffassung wird die Seele durch das Körperliche verunreinigt und daher müsse der Mensch daran arbeiten, seine Seele rein werden zu lassen. Empedokles vertrat die Ansicht, dass die vier Elemente Wasser, Erde, Feuer und Luft durch Liebe und Hass bewegt werden, d. h., dass ausgehend davon, dass die vier Elemente die Basis der Natur und unseres Lebens sind, Liebe und Hass die Macht darüber haben, wie sich alles entwickelt.

Demokrit beschäftigte sich mit Atomen und kam zu der Erkenntnis, dass auch die Seele aus solchen besteht. Heraklit war der Ansicht, dass nichts ohne seinen Gegensatz existieren kann, also zum Beispiel Wärme nicht ohne Kälte, Frieden nicht ohne Krieg und Liebe nicht ohne Hass. Daher vertrat er die Auffassung, dass Streit ein notwendiger Bestandteil des Lebens sei und darüber hinaus sogar der Ursprung der Welt.

Außerdem erklärte er, dass Logos das höchste Gesetz sei, das die Welt regiere, und daher Weisheit darin bestehe, dieses zu erkennen. „Logos" bedeutet in der Philosophie so viel wie Vernunft oder rationales Denken; von diesem Begriff ist das Wort „Logik" abgeleitet. Heraklit dehnte das Verständnis des Logos jedoch so weit aus, dass es als „Weltprinzip", also die grundlegende, höhere Ordnung, nach der alles auf der Welt und im Kosmos funktioniert, zu verstehen war. Schließlich waren es aber die Sophisten um Pythagoras, die mit ihrem Relativismus und Skeptizismus alles wiederum infrage stellten. Sie kamen zu der Auffassung, dass der Mensch das „Maß aller Dinge" sei und es über jede Sache zwei gegensätzliche Aussagen gebe. Das Sein wird als subjektiv und veränderlich betrachtet, denn alles, was über den Menschen hinausgeht, wird angezweifelt.

Weisheiten zum Mitnehmen

„Sofern wir in die Natur eingreifen, haben wir strengstens auf die Wiederherstellung ihres Gleichgewichts zu achten." (Heraklit)

„Allen Menschen ist es gegeben, sich selbst zu erkennen und klug zu sein." (Heraklit)

„Es ist für den Menschen am besten, das Leben so viel wie möglich in Gemütsruhe und so wenig wie möglich in Missmut hinzubringen. Dies lässt sich erreichen, wenn man seine Lust nicht im Vergänglichen sucht." (Demokrit)

„Der Neider schädigt sich selbst wie einen Feind." (Demokrit)

„Man soll schweigen oder Dinge sagen, die noch besser sind als das Schweigen." (Pythagoras)

„Dem Schicksal zur Seite thront der Wille als leitende Macht." (Pythagoras)

KLASSISCHE PERIODE

Den wichtigsten Teil der antiken Philosophie bildet die klassische Periode zwischen 427 und 347 vor Christus. Die großen Themen waren Tugend, Ethik, Vernunft, Gerechtigkeit und Freiheit. Unter der Vielzahl von Philosophen sind insbesondere das Dreiergespann Aristoteles, Sokrates und Platon zu erwähnen. Platon war ein Schüler des Sokrates und Aristoteles ein Schüler des Platon, jedoch vertraten sie teils unterschiedliche Ansichten. Insgesamt gelten sie als die großen Drei der Philosophie und verdienen es, jeder einzeln betrachtet zu werden.

Sokrates (469 bis 399 v. Chr.) war ein weltlicher Philosoph, der sich mit dem Menschen und der Gesellschaft beschäftigte. Seine Leitfragen waren: Was ist der Mensch? Was soll er tun, um gut zu handeln? Was soll er für seine Mitbürger und seine staatliche Gemeinschaft tun? Was soll er nicht tun?

Auf den Plätzen Athens lehrte er seine Philosophie, für die er sich auch Feinde machte. Er nahm kein Blatt vor den Mund und beschuldigte zum Beispiel Politiker, sich ihre Ämter durch Geburtsrecht oder finanziellen Status angeeignet zu haben. Deshalb wurde er unter dem Vorwand, er verführe die Jugend und betreibe Gotteslästerung, zum Tode verurteilt. Diesem Urteil fügte er sich, obwohl seine

Freunde ihn aus dem Gefängnis befreien wollten, da er zu seiner Philosophie stand und sie bis aufs Letzte vertreten wollte. Am Ursprung seiner Erkenntnistheorie stand das Lesen einer Inschrift des Orakels von Delphi: „Erkenne dich selbst!" Die Basis seiner Lehre bildet daher das Bestreben, dass die Menschen aus sich selbst heraus erkennen, was richtig ist (und nicht dazu überredet werden, wie die Sophisten es taten). Allein hierdurch würden sie dann auch richtig handeln. Er nannte dieses Vorgehen „Mäeutik", was sich von dem griechischen Wort für „Hebamme" (dem Beruf seiner Mutter) ableitet, denn seine Philosophie war die Geburtshelferin für die Erkenntnis der Menschen.

Die zentralen Themen der Erkenntnis waren dabei die Tugend und das Gute, denn nur über diesen Weg kommt man nach seiner Auffassung (und der vieler anderer Philosophen) zur Glückseligkeit.

Weisheiten zum Mitnehmen

„Der Kluge lernt aus allem und von jedem, der Normale aus seinen Erfahrungen und der Dumme weiß alles besser."

„Bedenke stets, dass alles vergänglich ist; dann wirst du im Glück nicht zu fröhlich und im Leid nicht zu traurig sein."

„Wer die Welt bewegen will, sollte erst sich selbst bewegen."

„Nur der ist weise, der weiß, dass er es nicht ist."

„Die Geschichte endet nicht mit uns."

„Rechtes Handeln folgt dem rechten Denken."

Platon (427 bis 347 v. Chr.) rückte den Blick weg vom Menschen hin zum Ewigen, das über ihn hinausgeht. Nach seiner Auffassung gibt es „ewige Ideen" und „ewige Wahrheiten", die unabhängig vom Menschen und von dieser Welt existieren, also kosmische, übernatürliche Gesetzmäßigkeiten.

Laut Platon sollen diese ewigen Ideen und Wahrheiten in jedem Menschen vorhanden sein, da sie in der Natur der Seele liegen. Sie seien den meisten Menschen zwar nicht bewusst, könnten aber durch eine Innenschau entdeckt werden. Aus diesen ewigen Ideen und Wahrheiten entwickelte er Visionen für eine Staats-, Rechts- und Gesellschaftsordnung, in der Gerechtigkeit, soziales Miteinander und Selbstbestimmung der Bürger herrschen. Nach der Hinrichtung seines Lehrers Sokrates reiste der Aristokratensohn Platon in verschiedene Länder, zum Beispiel nach Ägypten, und gründete nach seiner Rückkehr die Akademie. Hierbei handelte es sich um einen Bezirk ca. 1600 Meter außerhalb von Athen, der sowohl ein Park als auch ein Lehr- und Kultort war und zu dem nur Aristokratensöhne zugelassen wurden. Es war keine Universität im heutigen Sinne, denn es gab keine festen Vorschriften, jedoch gab es ein breites Studienangebot, das neben Philosophie auch Astronomie, Mathematik, Biologie und politische Theorie beinhaltete. Hier studierte auch Aristoteles.

Platon lehrte dort seine Ideenlehre, nach der alles, was der Mensch mit den Sinnen erfahren kann, aus einer Ur-Idee entspringt. Diese Urbilder seien geistig und immateriell, während das sinnlich Erfahrbare nur ein Abbild der Idee sei. Ideen existierten für körperliche Dinge wie beispielsweise Bäume oder Menschen, jedoch auch für Werte und Prinzipien wie zum Beispiel Gerechtigkeit oder das Gute. Die Idee des Guten sei die höchste Idee, die über allen anderen stehe und in deren Sinne alles Denken und Handeln geschehen sollte. Um zur Erkenntnis und somit zum guten Leben zu kommen, muss man laut Platon von der Realität zu den Ideen aufsteigen. Dies setzte er mit dem Aufstieg aus einer Höhle gleich.

Das Dasein des Menschen sei wie eine Höhle unter der Erde, in der die Menschen gefangen und gefesselt sind und nur eine Höhlenwand sehen können, auf die durch das Feuer Schatten von Gegenständen geworfen werden. Da die Menschen nie die Gegenstände selbst gesehen haben, sondern nur ihre Schatten, denken sie, dass diese Abbilder die Realität seien.

Als ein Mensch sich aus den Fesseln lösen kann und sich umschaut, erkennt er die Gegenstände, welche die Schatten werfen. Dann verlässt er die Höhle, ist zunächst geblendet vom Licht, sodass er wieder nur Schatten sieht, doch dann gewöhnt er sich daran und sieht nicht nur die Dinge der Umwelt, sondern auch die Sonne. Letztere war für Platon das Sinnbild der Ideen und somit der tiefere Grund des Seins.

Mit diesem Höhlengleichnis beschrieb er auf sehr anschauliche Weise den Prozess des selbstständigen Denkens, der mit viel Mühe und einem großen Risiko verbunden ist, sich jedoch lohnt. Die Welt der Ideen ist laut Platon der Ursprung der Realität, doch beide Welten existieren parallel zueinander. Während die reale, sinnlich erfahrbare Welt vergänglich sei, sei die Welt der Ideen unveränderlich und ewig.

Weisheiten zum Mitnehmen

„Diejenigen, die zu klug sind, sich in der Politik zu engagieren, werden dadurch bestraft, dass sie von Leuten regiert werden, die dümmer sind als sie selbst."

„Die Natur ist ein Brief Gottes an die Menschheit."

„Das Denken ist das Selbstgespräch der Seele."

„Gute Menschen brauchen keine Gesetze, um gezeigt zu bekommen, was sie nicht dürfen, während böse Menschen einen Weg finden werden, die Gesetze zu umgehen."

„Ich kenne keinen sicheren Weg zum Erfolg, aber einen sicheren Weg zum Misserfolg: Es allen recht machen zu wollen."

„Die schlimmste Art der Ungerechtigkeit ist die vorgespielte Gerechtigkeit."

„Sich selbst zu kennen, ist die erste aller Wissenschaften."

Aristoteles (384 bis 322 v. Chr.) schlug wieder eine andere Richtung ein, indem er den Sinn der Philosophie darin sah, die Welt rational und wissenschaftlich zu erforschen. Er trennte die naturwissenschaftliche Arbeit und das philosophische Ideal, sodass beides nicht länger vereinbar war, und galt mit seinen naturwissenschaftlichen Erkenntnissen fast zwei Jahrtausende lang als unanfechtbar. Insbesondere ein Aspekt prägt die Wissenschaft bis heute, und zwar dass die Suche nach der Wahrheit der einzige Zweck ihrer selbst ist und nicht das Ziel haben darf, Vorurteile oder Lebensweisen zu verteidigen.

Seine Ansichten und Lebensweise wirken oft nüchtern und emotionslos, vielfach wird ihm sogar nachgesagt, sich nicht um andere Menschen gesorgt zu haben. Tatsächlich vertrat er die Meinung, dass Gott keine Materie, sondern ein pures Gedankengebilde sei und sich daher auch nicht mit materiellen Dingen verunreinigen sollte.

Die aristokratische Oberschicht habe daher laut ihm ebenfalls den Vorzug, sich dem Studieren hinzugeben und sich nicht die Hände mit körperlicher Arbeit schmutzig machen zu müssen. Andererseits sind es neben den sokratischen und platonischen Schriften vor allem auch seine, die zeitlose Maßstäbe für Tugend und Moral gesetzt haben. Um diesen Gegensatz zu verstehen, muss man wissen, dass Tugend nach der Definition der alten Griechen eine Abwesenheit von Leidenschaft beinhaltet, denn Leidenschaften beeinträchtigen laut ihnen den Verstand und verhindern das Erreichen von Glückseligkeit.

Ein tugendhaftes Leben bedeute, rational zu denken und zu handeln und emotionalen sowie materiellen Ablenkungen zu entsagen, da diese einen zu falschen Entscheidungen und Unzufriedenheit verleiten würden. Der Weg zur Glückseligkeit führe über das Leben im Einklang mit der Natur und der eigenen Seele. Das bedeute aber nicht, dass man sich nicht um Menschen kümmern und sie lieben könne, sondern man solle sich lediglich nicht von Leidenschaften wie zum Beispiel Wut, Gier, Angst, Neid oder Trauer in seinem Verstand, seiner inneren Ruhe und seiner Urteilsfähigkeit behindern lassen.

Aristoteles war also nicht etwa ein besonders herzloser Philosoph, sondern einer, der sich selbst besonders gut beherrschen und somit die eigenen Lehren der Tugend anwenden konnte.

Weisheiten zum Mitnehmen

„Die Freundschaft gehört zum Notwendigsten in unserem Leben. In Armut und im Unglück sind Freunde die einzige Zuflucht."

„Einen Fehler durch eine Lüge zu verdecken heißt, einen Flecken durch ein Loch zu ersetzen."

„Freude ist die Gesundheit der Seele."

„Wenn auf Erden Frieden herrschte, wären alle Gesetze zu entbehren."

„Wer Sicherheit der Freiheit vorzieht, ist zu Recht ein Sklave."

„Das Glück gehört denen, die sich selbst genügen."

„Der Anfang aller Weisheit ist die Verwunderung."

„Die Natur macht nichts vergeblich."

HELLENISTISCHE PHILOSOPHIE

Es folgte die Eroberung Griechenlands durch Alexander den Großen und später durch Rom. Die Philosophie wurde von der öffentlichen Lehre und staatlichen Anerkennung in den privaten Bereich verdrängt, brachte daraus jedoch noch zwei große Strömungen hervor, und zwar die Stoa und den Epikureismus. Die Stoa wurde durch Zenon von Kition begründet, der um ca. 300 v. Chr. in der später für die Strömung namensgebenden Athener Säulenhalle Stoa Poikile zu lehren begann.

Der Epikureismus beruht auf dem Philosophen Epikur. Beide Strömungen entstanden zeitgleich und stehen gegensätzlich zueinander. Zwar hatten beide im Sinne der ganzen Philosophie der Epoche das Ziel, die Lebensführung auf die Weisheit auszurichten, jedoch mit konträren Methoden.

Während die Epikureer das „Lust-Prinzip" wählten, also Lust zu spüren und Schmerz zu vermeiden, lehnten die Stoiker jede Form von Affekt ab. Glück erlange man nur, indem man sich von allen Leidenschaften lossage, ob positiv oder negativ, denn letzten Endes sei jede Leidenschaft, auch wenn sie momentan glücklich mache, ein Hindernis auf dem Weg zur Tugend und somit zum Glück, welches nur durch Tugend erreicht werden könne. Die Stoa, auch Stoizismus genannt, ist durch diese Auffassung zu einem der prägendsten und mächtigsten Denkgebäude der westlichen Welt geworden, denn sie vermittelt einen Weg, gelassen durch das Leben zu gehen, sein inneres Glück zu erreichen und sich von Krisen oder Problemen nicht erschüttern zu lassen.

Dabei spielen die Ethik und die Natur eine entscheidende Rolle. Laut Zenon „beinhaltet jeder Aspekt der Natur eine Kraft, die in letzter Instanz auf das Gute ausgerichtet ist". Der Stoizismus vertritt die Ansicht, dass der Mensch gemäß seiner eigenen Natur handeln müsse, welche in tugendhaftem Verhalten bestehe, und sein eigenes Dasein als Teil der Natur des Universums begreifen solle, welche das höhere, unendliche Gefüge vorgebe und dessen Lauf man sich daher nicht widersetzen dürfe, um zur Glückseligkeit zu finden.

Das einzig Schlechte auf der Welt sei die Unvernunft, die es daher mit Vernunft zu besiegen gelte.

Durch römische Philosophen wurden die Lehren des Stoizismus weiter vertreten, jedoch kaum weiter ausgebaut; nennenswert ist hier insbesondere Lucius Annaeus Seneca.

Weisheiten zum Mitnehmen

„Nicht in dem Großen liegt das Gute, sondern in dem Guten liegt das Große." (Zenon)

„Das Ziel des Lebens ist ein Leben im Einklang mit der Natur." (Zenon)

„Unendlich ist der Vergangenheit und der Zukunft Zeit; die Zeit der Gegenwart ist begrenzt." (Zenon)

„Glücklich ist nicht, wer anderen so vorkommt, sondern wer sich selbst dafür hält." (Seneca)

„Den größten Reichtum hat, wer arm an Begierden ist." (Seneca)

„Wenn du dich der Natur unterwirfst, wirst du nie arm sein; wenn du dich der Meinung unterwirfst, wirst du nie reich sein." (Seneca)

„Wer an den Spiegel tritt, um sich zu ändern, der hat sich schon geändert." (Seneca)

„Nicht, weil es schwer ist, wagen wir es nicht, sondern weil wir es nicht wagen, ist es schwer." (Seneca)

Fernöstliche Philosophie

Während die meisten Philosophien des Ostens eng mit den dortigen Religionen verwoben waren, entstanden in China in den letzten Jahrhunderten vor Christus mit dem Taoismus und dem Konfuzianismus zwei Philosophien, die auf das Leben des Menschen orientiert sind.

Die dritte große Strömung des Fernen Ostens war der Buddhismus. Zwar werden der Letztere und teils auch der Taoismus als Religion verstanden, jedoch lag dies nicht in der ursprünglichen Absicht, und daher soll es hier nur um die philosophische

Seite gehen. Wie bei den alten Griechen spielen auch in diesen drei philosophischen Weltanschauungen die Natur, eine moralisch richtige Lebensweise und innere Ausgeglichenheit eine zentrale Rolle, obwohl die Philosophien unabhängig voneinander zeitgleich auf verschiedenen Kontinenten entwickelt wurden und auch hier übten die philosophischen Gedanken einen erheblichen und bleibenden Einfluss auf die Gesellschaft aus.

TAOISMUS

Wann genau der Taoismus (oder auch Daoismus) entstanden ist, kann geschichtlich nicht belegt werden. Es wird vermutet, dass seine Entwicklung bereits lange vor seine erste bekannte Niederschrift ca. 400 v. Chr. zurückgeht. Trotzdem gilt der Verfasser des Tao Te-King, Laotse, als der Begründer des Taoismus.

Über Laotse, dessen Name so viel wie „alter Meister" bedeutet, wird ebenso viel gemutmaßt wie über die Entstehungsgeschichte des Tao. Jedenfalls geht aus dem Tao Te-King hervor, was der Taoismus bedeutet: Er ist eine Weltanschauung und eine Lebensweise, welche den Menschen den richtigen „Weg" zeigen soll. „Tao" heißt übersetzt nämlich so viel wie „der Weg", auch wenn keine Übersetzung an das ganze Ausmaß der Wortbedeutung herankommt. Denn der Weg des Tao ist kein Weg, wie man ihn gemeinhin kennt, also eine feste Strecke, die einen Anfang und ein Ende hat, sondern der Weg der Natur und des Seins.

Es lassen sich Parallelen zu den griechischen Philosophen, insbesondere Platon und den Stoikern, entdecken, denn das Tao soll den „Urgrund allen Seins" darstellen, der ewig, gestaltlos und unveränderlich sei. Das Tao ist demnach die Ordnung der Welt, aus der die Schöpfung aller Dinge und Wesen entspringt und mit der man im Einklang leben muss, um ein gutes Leben zu führen. Das Tao Te-King beinhaltet daher Ratschläge für diverse Lebensbereiche, angefangen bei der Gesundheit über Politik bis hin zur Lebensführung. Alles Tun des Menschen müsse im Respekt für den Lauf der Natur und im Einklang mit dem universalen Gesetz geschehen. Nur dann könne man Tugend, Kraft, Güte und Ordnung erfahren, die wiederum automatisch durch das Tao zu einem kämen, wenn man nach ihm lebt.

Die wichtigsten Prinzipien sind dabei das Qi, die Lebensenergie, und deren beide Pole Yin und Yang. Yin und Yang werden jeweils mit gegensätzlichen Eigenschaften gleichgesetzt, zum Beispiel steht Yang für Energie, Hitze oder den Tag, während Yin für Ruhe, Kälte und die Nacht steht. Keines von beiden wird dabei jemals als schlecht betrachtet. Der Gegensatz wird hier, wie bei Heraklit, auch als Notwendigkeit des Seins betrachtet, jedoch anders als bei ihm nicht mit Streit gleichgesetzt, sondern mit Ergänzung.

Auch das Tao besagt, dass eine Sache nur durch ihren Gegensatz existent bzw. erkennbar wird, daher müssen Yin und Yang, die sowohl im Menschen wie in der Natur und jedem Wesen vorkommen sollen, ausgeglichen sein. Komme es zu einem Ungleichgewicht, gerate das ganze Gefüge durcheinander, was sich im Menschen mit körperlicher oder psychischer Krankheit und in der Gesellschaft zum Beispiel mit Ungerechtigkeit oder politischen Konflikten äußere.

Weisheiten zum Mitnehmen

„Nur der Liebende ist mutig, nur der Genügsame ist großzügig, nur der Demütige ist fähig zu herrschen."

„Auch der längste Marsch beginnt mit einem ersten Schritt."

„Reich ist, wer weiß, dass er genug hat."

„Lernen ist wie Rudern gegen den Strom. Hört man damit auf, treibt man zurück."

„Betrachte die Welt als dein Selbst, habe Vertrauen zum Sosein der Dinge, liebe die Welt als dein Selbst; dann kannst du dich um alle Dinge kümmern."

„Wer nicht streiten will, mit dem kann niemand streiten."

„Wissen, dass man nichts weiß, ist das Allerhöchste."

KONFUZIANISMUS

Der Konfuzianismus geht auf den Meister Kung Fu-tse (auch Kong Fuzi oder andere Schreibweisen) im fünften Jahrhundert vor Christus zurück, der u. a. als Hirte und Buchhalter arbeitete, bevor er eine Schule gründete, an der er Rechnen, Schreiben, Musik, Bogenschießen, Wagenlenken und Riten lehrte.

Dabei unterschied er bei seinen Schülern nicht nach sozialem Stand, sondern gab jedem, den er für würdig erachtete, diese Künste weiter, obwohl sie teils dem Adel vorbehalten waren. Er unterrichtete sie jedoch nicht nur in diesen Tätigkeiten, sondern bildete sie menschlich aus und darin bestand der eigentliche Schwerpunkt und die Herausforderung seines Unterrichts. Denn nur, wenn die Schüler die fünf Tugenden – Menschlichkeit, Sittlichkeit, Rechtschaffenheit, Weisheit und Vertrauenswürdigkeit – vervollkommnen würden, könnten sie wahrhaft

„edel" werden. Konfuzius selbst bemühte sich zeitlebens, in dieser Hinsicht perfekt zu werden, und hatte sehr hohe Ansprüche an sich.

Die Lehre des Konfuzius ist im Gegensatz zum Taoismus weltlich und pragmatisch, es gibt keine übernatürliche Bestimmung, sondern die natürliche Ordnung entsteht durch die Verantwortung des Menschen für sich selbst, andere und die Umwelt. Moralisch richtiges Verhalten, Gewaltfreiheit und das Wohl des Volkes gehörten zu den Hauptanliegen des Konfuzius, dessen Gedanken insofern teils denen des Sokrates ähneln. Zudem erschuf er ein neues Menschenbild, denn er erkannte, dass das Handeln des Menschen die Gesellschaft und die Natur beeinflussen. Um diese Verantwortung zum Guten ausüben zu können, sei die Entwicklung der Tugenden die grundlegende Basis.

Weisheiten zum Mitnehmen

„Wer das Ziel kennt, kann entscheiden. Wer entscheidet, findet Ruhe. Wer Ruhe findet, ist sicher. Wer sicher ist, kann überlegen. Wer überlegt, kann verbessern."

„Ruhm liegt nicht darin, niemals zu fallen, sondern jedes Mal wieder aufzustehen, wenn wir gescheitert sind."

„Dummheit ist nicht ‚wenig wissen‘, auch nicht ‚wenig wissen wollen‘, Dummheit ist ‚glauben, genug zu wissen‘.“

„Wer einen Fehler macht und ihn nicht korrigiert, begeht einen zweiten.“

„Es ist besser, ein einziges kleines Licht anzuzünden, als die Dunkelheit zu verfluchen.“

„Ein Mensch mit starkem Charakter und moralischen Grundsätzen wird nie versuchen, seine eigene Haut auf Kosten seiner Grundsätze zu retten. Eher würde er sein Leben opfern als seine Überzeugungen.“

BUDDHISMUS

Obwohl der Buddhismus zu den Weltreligionen gezählt wird, gibt es einen entscheidenden Unterschied zu den anderen Religionen: Während diese einen Glauben und einen Gott (oder mehrere Götter) vorgeben, den die Gläubigen anbeten müssen, stellt der Buddhismus keinerlei Richtlinien auf.

Jedem ist freigestellt, was er glaubt oder nicht – so war es die Idee von Buddha, der eigentlich Siddhartha Gautama hieß, als er um 500 v. Chr. den Dharma (übersetzt „die Lehre“), also die buddhistische Philosophie, entwickelte. Der aus Nepal stammende Sohn einer adligen Familie sagte sogar, man

JAKOB SCHRÖTER

solle seine Lehre wie alles andere anhand der eigenen Erfahrungen überprüfen und beurteilen, ob man
sie für richtig oder falsch halten wolle. Zu einer Religion, in der Buddha in weiten Teilen Asiens selbst als
Gott verehrt wird, wurde der Buddhismus erst nach
Buddhas Tod (so wie auch Konfuzius nach seinem
Tod zum Gott erklärt wurde).

Zu den obersten Prinzipien des Buddhismus gehört, durch eigene Weisheit zu urteilen und nur das
zu glauben, was man selbst als richtig erkennt, sowie
im Sinne der Ethik zu leben und zu handeln. Um
diese Weisheit und Tugendhaftigkeit zu erlangen,
wird Meditation als effektivster Weg erachtet, denn
hierdurch könne man die Einheit von Körper, Geist
und Seele herstellen und somit von seinem eigenen
Inneren auf den richtigen Weg geleitet werden.

Das Ziel ist dabei das Streben nach Glück, sowohl für sich selbst als auch für alle anderen Lebe-
wesen. Gemeint ist wie bei den Philosophen der griechischen Antike auch hier nicht das materielle oder
vergängliche emotionale Glück, sondern wie im Stoizismus und Taoismus wird Glück als der Zustand
betrachtet, wenn man innerlich ausgeglichen, mit
sich selbst eins und zufrieden mit dem eigenen Leben ist, unabhängig davon, welche Güter oder Ver-
gnügungen man hat.

Weisheiten zum Mitnehmen

„Wenn du ein Problem hast, versuche, es zu lösen. Kannst du es nicht lösen, dann mache kein Problem daraus."

„Es gibt keinen Weg zum Glück. Glücklichsein ist der Weg."

„Verweile nicht in der Vergangenheit, träume nicht von der Zukunft. Konzentriere dich auf den gegenwärtigen Moment."

„Niemals in der Welt hört Hass durch Hass auf. Hass hört durch Liebe auf."

„Wir sind, was wir denken. Alles, was wir sind, entsteht aus unseren Gedanken. Mit unseren Gedanken formen wir die Welt."

„Der Weg liegt nicht im Himmel. Der Weg liegt im Herzen."

„Glaubt den Schriften nicht, glaubt den Lehrern nicht, glaubt auch mir nicht. Glaubt nur das, was ihr selbst sorgfältig geprüft und als euch selbst und zum Wohle dienend anerkannt habt."

„Nicht außerhalb, nur in sich selbst soll man den Frieden suchen. Wer die innere Stille gefunden hat, der greift nach nichts, und er verwirft auch nichts."

„Alle Menschen sind eins. Was sie unterscheidet, ist der Name, den man ihnen gibt."

Zeitalter der Aufklärung

Die europäische Gesellschaft des 17. und 18. Jahrhunderts war zwar nicht mehr durch die Kirche dominiert, sodass das Leben und damit auch die Philosophie im Vergleich zum Mittelalter sehr viel freier waren, jedoch herrschten Könige und Kaiser über Völker, die keinerlei Mitspracherecht hatten, geschweige denn garantierte Freiheiten oder Grundrechte. In dieser Zeit entwickelte sich in mehreren Staaten Europas der Wunsch nach Freiheit und Demokratie.

Die sogenannten Staatsphilosophen der Aufklärung hinterfragten das Existenzrecht der absolutistischen Herrschaft, entwickelten Gedanken über eine politische Neuordnung und klärten vor allem die Bürger darüber auf, dass sie einen eigenen Verstand haben, den sie gebrauchen sollten, um den Staat und die Gesellschaft so zu ordnen, wie es ihren Vorstellungen entspricht.

Aus dieser Philosophie entwickelten sich bei den Bürgern revolutionäre Bestrebungen, die im Jahr 1789 das Ende der Monarchie und die Einführung eines Menschen- und Bürgerrechtskatalogs in Frankreich bewirkten, während in Österreich, Preußen und Russland ein aufgeklärter Absolutismus und in England eine konstitutionelle Monarchie eingerichtet wurden.

Gemeinsam war den Bewegungen in allen Ländern, dass sie die Herrschaft der Regierenden als vertraglich vom Volk übertragene Macht ansahen, eine Beteiligung des Volkes an der Macht anstrebten und die Staatsgewalt auf verschiedene Organe aufteilen wollten, damit sie nicht missbraucht werden kann. Innerhalb dieser Epoche gab es vor allem drei unterschiedliche Herangehensweisen: den Rationalismus, den Empirismus und eine Synthese aus beiden.

RATIONALISMUS

Als Begründer des Rationalismus gilt René Descartes, der das Denken seiner Zeit revolutionierte, indem er sagte, dass man alles anzweifeln kann und muss. Nur auf die Art könne man ein mündiger Bürger und Mensch sein und verhindern, dass autoritäre Regime unbegrenzte Macht haben können. Laut Descartes gibt es nur eine einzige Sache, die nicht angezweifelt werden kann, und zwar die eigene Existenz, die durch die Fähigkeit zum Nachdenken begründet werde.

Man erkennt einen Rückbezug auf die alten Griechen, die den Verstand oder auch Logos als wichtigstes Mittel und gleichzeitig Ziel betrachteten.

Trotz oder gerade wegen seiner Zweifel an allem war Descartes auch ein naturwissenschaftlicher Forscher, zum Beispiel in der Astronomie, Meteorologie, Physik und Mathematik. In seiner Philosophie stellte er alles, was in der Welt existiert, infrage, und meinte, dass nichts sicher bewiesen werden könne, sodass alles möglicherweise nur eine Einbildung sei – nicht nur Gott oder andere nicht greifbare Dinge, sondern auch Materielles wie zum Beispiel das Haus, in dem man wohnt, und der Stuhl, auf dem man gerade sitzt. Auch die eigene Existenz musste er folgerichtig anzweifeln, doch kam er dann zu der Erkenntnis, dass er existieren muss, da er nachdenkt, und dass das Denken insofern die einzige Wahrheit sei.

Seine Aussage „Cogito ergo sum" – „Ich denke, also bin ich" ist weltbekannt und -berühmt. Daraus folgt, dass das selbstständige, rationale Denken der Schlüssel zum Leben ist, und auch wenn Descartes für seine Ansichten in der ersten Hälfte des 17. Jahrhunderts zunächst verachtet und verspottet wurde, ist diese eine Schlussfolgerung von ihm die Basis für die Entwicklung der weiteren, aufgeklärten Denkweise.

Weisheiten zum Mitnehmen

„Alles, was lediglich wahrscheinlich ist, ist wahrscheinlich falsch."

„Denn es ist nicht genug, einen guten Kopf zu haben; die Hauptsache ist, ihn richtig anzuwenden."

„Die gesamte Philosophie ist einem Baume vergleichbar, dessen Wurzel die Metaphysik, dessen Stamm die Physik und dessen Zweige alle übrigen Wissenschaften sind."

„Wenn man zu begierig ist, in der Vergangenheit zu leben, so bleibt man gewöhnlich sehr unwissend in der Gegenwart."

„Die nur ganz langsam gehen, aber immer den rechten Weg verfolgen, können viel weiter kommen als die, welche laufen und auf Abwege geraten."
„Zweifel ist der Weisheit Anfang."

EMPIRISMUS

Für die Empiristen war der Verstand ebenfalls wichtig, jedoch definierten sie ihn anders. Der Verstand habe Grenzen, welche in dem lägen, was zu wissen möglich ist, also was empirisch erforsch- und beweisbar ist. Was darüber hinausgeht, soll ihnen zufolge nicht Gegenstand philosophischer Arbeit sein, denn es wäre nicht zielführend, da es nicht greifbar sei. Daher vertraten sie die Ansicht, dass naturwissenschaftliche Forschung im Zentrum der philosophischen Arbeit stehen müsse, ähnlich wie Aristoteles es zuvor tat. Unter den Empiristen befanden sich u. a. John Locke und David Hume, der als der Vater der Aufklärung gilt.

John Locke war nicht nur Philosoph, sondern auch Arzt und zeitweise Politiker. Letzteres gab ihm einen Einblick in das politische Geschehen seiner Zeit und beeinflusste seine Philosophie. In seinen Schriften, welche die Verfassungen fast aller liberaler Staaten beeinflusste, vertrat er die Ansicht, dass die Staatsgewalt geteilt werden müsse und die Regierung für das Wohl der Bürger in allen Angelegenheiten inklusive ihrer Freiheit zu sorgen habe. Laut Locke gebe es bestimmte Naturrechte und -gesetze, die jeder Mensch respektieren müsse.

Hierunter fallen zum Beispiel das Recht auf Freiheit, das Recht auf Leben und das Recht auf Gesundheit, wie sie heute verfassungsmäßig garantiert sind, es aber zur Zeit des Absolutismus nicht waren. Das höchste Ziel einer Gesellschaft ist seiner Auffassung nach das Erreichen des Naturzustands, der dann bestehe, wenn alle Ungerechtigkeiten abgeschafft wurden und vollkommene Freiheit und Gleichheit aller Menschen herrscht.

Er vertrat aber auch die Meinung, dass die Menschen von sich aus nicht bzw. nicht schnell genug diese Naturgesetze akzeptieren und umsetzen würden, und aus diesem Grund hielt er den Staat für notwendig, um dafür Sorge zu tragen, dass diese Gesetze eingehalten werden und es keine Konflikte gibt. Die Macht des Volkes solle dadurch garantiert werden, dass der Staat in einem Gesellschaftsvertrag durch die Bürger legitimiert wird, welcher einer Verfassung im heutigen Sinne ähnelt. Um einen solchen Staat einzurichten, solle es Reformen anstatt

Revolutionen geben, da diese leichter und ohne Gewalt umzusetzen seien.

In Frankreich vertrat Jean-Jacques Rousseau eine noch radikalere Auffassung. Er bezog sich auf den Gesellschaftsvertrag wie von Locke vorgeschlagen, betonte jedoch noch mehr als dieser, dass jener Vertrag aus dem freien Willen der Bürger heraus eingegangen werde und somit das politische System allein durch die Bürger stehe und falle. Dabei sei jedoch nicht der Wille des Einzelnen, sondern der Gemeinschaft entscheidend; dieser stehe sowohl über dem absolutistischen Staat wie auch über einzelnen subjektiven Interessen. Daher sei es ihm zufolge die freiwillige Entscheidung des verständigen Bürgers, sich zum Wohle aller dem Staat zu unterwerfen, ohne dabei jedoch seine persönliche Freiheit einzubüßen. Mit dieser Idee vom Gemeinwohl war er maßgeblich derjenige, auf dessen Gedanken sich die Französische Revolution gründete, und beeinflusste spätere Staats- und Rechtsphilosophen wie Kant, Marx und Hegel.

John Locke entwickelte außerdem eine Erkenntnistheorie, welche besagt, dass der Verstand sich erst im Laufe des Lebens mit den Erfahrungen bilde und nicht von Geburt an mitgegeben sei. In diesem Sinne war er ganz ein Empirist, denn die Erkenntnis, also die Ausbildung des Verstandes, soll ihm zufolge allein auf empirischen Erfahrungen beruhen. Eine Entwicklung des Verstandes über die Erfahrungen hinaus sei zwar möglich, jedoch nur durch Kombination dessen, was der Verstand aus den Erfahrungen zurückbehalten hat; das bedeutet mit anderen Worten, dass die empirische Erfahrung der Grundstein des Denkens ist.

Diese Ansicht vertrat auch David Hume und baute sie weiter aus. Der Ursprung aller Erkenntnis seien die Sinneseindrücke, und alles, was darüber hinaus geht und insofern nicht eindeutig bewiesen werden kann, sei abzulehnen. Seiner Meinung nach gebe es keine feste Persönlichkeit, sondern der Mensch komme als unbeschriebenes Blatt auf die Welt und bilde die Vorstellung von sich selbst erst durch die Erfahrungen, die er sammelt.

Mit jeder Erfahrung kann demnach eine Veränderung des Ichs eintreten. Auch vertrat er die Ansicht, dass der Mensch sein Denken und Handeln aus wiederholten Begebenheiten entwickle, also Gewohnheiten entstehen, durch die der Mensch Sicherheit über Ursache und Wirkung bekomme. Jedoch stellte er klar, dass nur die Sicherheit über das bestehe, was wahrgenommen wurde, was also bereits geschehen ist, während Schlussfolgerungen daraus

für die Zukunft bloße Spekulation und nicht beweisbar, also keine Wahrheit seien. Mit diesen Gedanken
stellte er nicht nur die Allmacht von Gott und Herr-
schern infrage, sondern warf auch Fragen auf, die für
die Psychologie späterer Jahrhunderte interessant
waren – schließlich postulierte er, dass das, was gewesen ist, nicht weiterhin oder erneut stattfinden
muss, und somit müssten weder autoritäre Systeme
bestehen bleiben noch schlechte Erlebnisse zu Sorgen über die Zukunft führen.

Weisheiten zum Mitnehmen

„Glück und Unglück sind zwei Zustände, deren äu-
ßerste Grenzen wir nicht kennen." (Locke)

„Was unser Denken begreifen kann, ist kaum ein
Punkt, fast gar nichts im Verhältnis zu dem, was es
nicht begreifen kann." (Locke)

„Jeder Schritt vorwärts, den der Geist auf seinem
Wege zur Erkenntnis tut, bringt irgendeine Entde-
ckung, die nicht nur neu, sondern, im Augenblick we-
nigstens, auch die wertvollste ist." (Locke)

„Wir würden viel weniger Streit in der Welt haben,
nähme man die Worte für das, was sie sind – lediglich die Zeichen unserer Ideen und nicht die Dinge
selbst." (Locke)

„Glücklich ist derjenige, dessen Lebensumstände seinem Temperament angepasst sind; höher noch aber steht derjenige, der sein Temperament allen Lebensumständen anzupassen vermag." (Hume)

„Nichts ist freier als der Gedanke des Menschen." (Hume)

„Die Schönheit der Dinge lebt in der Seele dessen, der sie betrachtet." (Hume)

„Jede Wirkung ist ein von ihrer Ursache verschiedenes Ereignis." (Hume)

„Die Freiheit des Menschen liegt nicht darin, dass er tun kann, was er will, sondern, dass er nicht tun muss, was er nicht will." (Rousseau)

„Das Geld, das man besitzt, ist das Mittel der Freiheit, dasjenige, dem man nachjagt, das Mittel zur Knechtschaft." (Rousseau)

„Der Charakter offenbart sich nicht an großen Taten; an Kleinigkeiten zeigt sich die Natur des Menschen." (Rousseau)

DIE SYNTHESE

Rationalismus und Empirismus zu verbinden, versuchte der wohl größte deutsche Philosoph, Immanuel Kant. Er stellte fest, dass beide ihr jeweiliges Mittel überschätzt hatten – die Rationalisten meinten, mehr mit dem Verstand ergründen zu können, als naturgegeben für diesen möglich ist, und die Empiristen waren der Ansicht, dass mit naturwissenschaftlicher Beweisführung alles, was für den Menschen und die Welt wichtig ist, festgestellt werden kann.

Die Wahrnehmung und Forschung des Menschen enden laut Kant dort, wo Raum, Zeit und Kausalität ihre Grenzen gesetzt haben, und daher seien bestimmte Dinge wie zum Beispiel Freiheit oder Gott nicht wissenschaftlich belegbar. Mit dem Verstand könne der Mensch nur das erfassen, was erfahrbar sei, doch darüber hinaus gebe es eine „praktische Vernunft", die darin bestehe, auf der Basis des Wissens logisch zu erschließen, wie das, was man nicht erforschen kann, sein könnte. Jedoch könne man dies nicht als Wahrheit darstellen, wie die Rationalisten und alten Griechen es taten.

In seinem wichtigsten Werk „Kritik der reinen Vernunft" stellte er die vier maßgeblichen Fragen der Philosophie: Was kann ich wissen? Was soll ich tun? Was darf ich hoffen? Was ist der Mensch? Mit diesen Fragen und den Antworten darauf entwickelte er die philosophischen Theorien seiner Vorgänger weiter. Metaphysik, Moral, Religion und Wissenschaft des Menschen, also die Themen, wie bereits die alten Griechen sie erforschten, waren die Leitmotive seiner Philosophie. Hierbei kam er zu der grundlegenden Erkenntnis, dass der Verstand die ausschlaggebende Basis für alles sei.

Allerdings meinte er einen vernünftigen Verstand, der rational analysiert, was wahr und unwahr, richtig und falsch oder möglich und unmöglich ist. Der Verstand war für ihn nicht wie bei Descartes die Grundlage der körperlichen und seelischen Existenz, jedoch die Basis der mündigen Teilnahme an der Gesellschaft und der Verantwortung für das eigene Leben, für die Mitmenschen und die Umwelt. Er vermutete keine höhere Ordnung, wie die Philosophen der griechischen Antike es taten, sah aber den verständigen Menschen aus seinem Inneren heraus in der Lage und verpflichtet, tugendhaft und ethisch korrekt zu leben und somit den Staat und die Gesellschaft so zu gestalten, dass Gerechtigkeit, Freiheit und politische Teilhabe für jeden herrschen.

Im Sinne Platons beschrieb er die Erkenntnis als riskanten Akt, was im Hinblick auf die noch absolutistische Staatsgewalt eine sehr realistische Einschätzung war. Seine Aufforderung an die Bürger lautete daher „Sapere aude" – „Habe Mut, dich deines eigenen Verstandes zu bedienen". Dieser Satz ging um die Welt und hat eine zeitlose Aussage, nämlich dass man keinen Aufwand und kein Risiko scheuen sollte, um das Bestehende zu hinterfragen und gegebenenfalls zu verändern, um für die Allgemeinheit eine positive Welt zu erschaffen. Dies war stets das Ziel der Philosophie, ob in Europa oder in Asien, doch Kant verfasste die bis dahin am besten erklärte und praktikabelste Synthese aller Ideen.

Weisheiten zum Mitnehmen

„Der ziellose Mensch erleidet sein Schicksal, der zielbewusste gestaltet es."

„Der Friede ist das Meisterwerk der Vernunft."

„Ohne Achtung gibt es keine wahre Liebe."

„Wenn die einen genießen wollen, ohne zu arbeiten, so werden andere arbeiten müssen, ohne zu genießen."

„Reich ist man nicht durch das, was man besitzt, sondern durch das, was man mit Würde zu entbehren weiß. Und es könnte sein, dass die Menschheit reicher wird, indem sie ärmer wird, dass sie gewinnt, indem sie verliert."

„Es kann sein, dass nicht alles wahr ist, was ein Mensch dafür hält, denn er kann irren, aber in allem, was er sagt, muss er wahrhaftig sein."

Der Weg in die Moderne

D as Zeitalter der Aufklärung stieß die Entwicklung der Philosophie so weit an, dass gleich diverse neue Strömungen folgten, die unterschiedliche Herangehensweisen und Ansichten vertraten; unter ihren Vertretern widmeten sich einige hauptsächlich der Staats- und Gesellschaftsordnung, andere in erster Linie dem Menschen und seinem Inneren.

IDEALISMUS

Insbesondere in Deutschland entwickelte sich aus Kants Maximen der Idealismus, dessen Philosophen wie u. a. Johann Gottlieb Fichte, Friedrich W. J. Schelling und G. W. Friedrich Hegel der Meinung waren, dass die Wirklichkeit durch das Denken erschaffen wird. Die Welt, in der man lebe, verändere sich, je nachdem, wie man über sie denke, wobei Ideale die Basis für Wissen und Moral bilden sollen.

Insbesondere Hegel ging mit seiner Theorie in die Geschichte ein. Er schlussfolgerte, dass sich innerhalb eines Menschen und eines Staates der Geist so entwickle, dass eine absolute Vorstellung entstehe, was wirklich und vernünftig sei. Dabei befinde sich die Welt jedoch in einem unaufhörlichen Wandel, einem Veränderungsprozess, in dem die Entwicklungen logisch aufeinander aufbauen würden.

Jedes geschichtliche Ereignis sei damit die notwendige, natürliche Folge der vorhergehenden Situation. So gestalte sich die Welt in einem „dialektischen Veränderungsprozess", durch den die Entwicklung insgesamt immer weiter voranschreite. Aus etwas Schlechtem kann demnach etwas Gutes werden und aus etwas Gutem etwas noch Besseres. Hegel bezog diese Theorie u. a. auf das Beispiel von Gott, der bzw. dessen Vorstellung nach seiner

Auffassung nicht von vornherein in der Form existiert habe, wie es seinerzeit der Fall war, sondern
sich im Laufe der Zeit durch das Denken der Menschen entwickelt habe. Gemeinsame Wirklichkeiten
wie der Glaube, der Staat oder die soziale Ordnung
bilden sich seiner Theorie zufolge aus dem Denken
aller beteiligten Menschen zusammen, während jeder Mensch für sich ebenfalls die Wirklichkeit seines
Daseins durch sein Denken erschaffe.

Hegels Auffassung polarisierte die Welt der Philosophie stark – während Karl Marx und Friedrich
Engels aus seinen Ideen ihre Gedanken über den
Klassenkampf und eine sozialistische Gesellschaftsordnung entwickelten, bildeten sich mit dem Mate-
rialismus und Positivismus einerseits und der Le-
bens- und Existenzphilosophie andererseits insbesondere zwei Strömungen, die sich gegen Hegels
Philosophie wandten, aber auch zueinander im Wi-
derspruch standen.

Weisheiten zum Mitnehmen

„Die Sinnenwelt erkennen wir, in der übersinnlichen
Welt leben wir." (Fichte)

„Der Mensch kann, was er soll; und wenn er sagt: Ich
kann nicht, so will er nicht." (Fichte)

„Die Lüge ist immer ein Selbstmord des Geistes."
(Fichte)

„Die äußere Welt liegt vor uns aufgeschlagen, um in
ihr die Geschichte unseres Geistes wiederzufinden."
(Schelling)

„Die wahre Größe besteht in der Herablassung, in
der Fähigkeit, bis zu den tiefsten Standpunkten her-
abzusteigen, ohne seiner Hoheit zu vergeben."
(Schelling)

„Die Wahrheit einer Absicht ist die Tat." (Hegel)

„Wer etwas Großes will, der muss sich zu beschrän-
ken wissen, wer dagegen alles will, der will in der Tat
nichts und bringt es zu nichts." (Hegel)

„Zum Handeln gehört wesentlich Charakter und ein
Mensch von Charakter ist ein anständiger Mensch,
der als solcher bestimmte Ziele vor Augen hat und
diese mit Festigkeit verfolgt." (Hegel)

MARXISMUS

Karl Marx brachte die Philosophie zu einer neuen
Realität, denn er meinte, der Sinn liege nicht bloß darin, über die Welt nachzudenken, sondern sie zu verändern. Der Hauptinhalt seiner philosophischen Arbeit war die soziale Situation der Menschen seiner
Zeit. Er sah, dass die meisten Menschen schwer

arbeiteten, ohne dafür ausreichend Geld zu bekommen, während einige wenige andere in großem Wohlstand lebten, ohne etwas dafür zu tun.

Sein Ziel war es, den Menschen die Augen für die soziale Ungerechtigkeit zu öffnen, und er entwickelte eine Vision von einer Gesellschaft ohne Klassenunterschiede und ohne Ausbeutung. Er prophezeite, dass die seinerzeit bestehende ungerechte Lage zur Revolution des Proletariats (der Arbeiterklasse) führen würde und ein kommunistischer Staat eingerichtet werden würde. Gemeinsam mit seinem Freund Friedrich Engels, der eigentlich ein Fabrikantensohn war, sich aber auf die Seite der Arbeiter stellte, arbeitete er die Idee vom Kommunismus zum politischen Konzept aus.

In dieser Staatsform sollten alle gleich viel besitzen, alle die gleichen Rechte haben und alles Eigentum sollte Gemeinschaftsgut sein. Ihr 1848 veröffentlichtes „Kommunistisches Manifest" wurde nach ihrem Tod der Ausgangspunkt für mehrere Revolutionen und führte in Russland 1917 zur Einrichtung eines kommunistischen Staates.

Weisheiten zum Mitnehmen

„Aber der Mensch, das ist kein abstraktes, außer der Welt hockendes Wesen. Der Mensch, das ist die Welt des Menschen, Staat, Sozietät." (Marx)

„Die Forderung, die Illusion über seinen Zustand aufzugeben, ist die Forderung, einen Zustand aufzugeben, der der Illusion bedarf." (Marx)

„Nicht das Bewusstsein bestimmt das Leben, sondern das Leben bestimmt das Bewusstsein." (Marx)

„Kein Mensch bekämpft die Freiheit, er bekämpft höchstens die Freiheit der anderen." (Marx)

„Alles, was die Menschen in Bewegung setzt, muss durch ihren Kopf hindurch; aber welche Gestalt es in diesem Kopf annimmt, hängt sehr von den Umständen ab." (Engels)

„Wo es keine Gemeinsamkeit der Interessen gibt, da kann es auch keine Gemeinsamkeit der Ziele, geschweige des Handelns geben." (Engels)

„Wenn der Mensch von den Umständen gebildet wird, so muss man die Umstände menschlich bilden." (Engels)

MATERIALISMUS UND POSITIVISMUS

Diese Strömung, die Mitte des 19. Jahrhunderts von Auguste Comte und Ludwig Feuerbach ins Leben gerufen wurde, lehnte Hegels Ansatz als zu spekulativ ab. Ihre Meinung ähnelte dem Empirismus, denn auch sie waren der Ansicht, dass Metaphysik in der Philosophie keine Rolle spielen dürfe, sondern alles Denken sich auf das materiell Existierende beziehen müsse, da nur dessen Wahrheit positiv feststellbar sei.

Der Begriff „materiell" wird dabei allerdings nicht nur auf körperliche Dinge bezogen, sondern ihrer Ansicht nach besteht alles aus Materie, also auch Gedanken, Gefühle und das Bewusstsein, weil deren Ströme physikalisch messbar sind. Alles, was nicht messbar ist und somit keine Materie besitzt, könne demnach nicht existieren. Aus diesem Grund negierten die Materialisten die Existenz Gottes. An die Stelle Gottes trat für Feuerbach die Politik, die dem Menschen die Möglichkeit gebe, in der Realität das Leben zu erschaffen, das er sich zuvor durch den Glauben an Gott erträumt habe.

Weisheiten zum Mitnehmen

„Die Wissenschaft führt zur Voraussicht; Voraussicht führt zum Handeln." (Comte)

„Lebe ein allen offenes Leben." (Comte)

„Zu einem vollkommenen Menschen gehört die Kraft des Denkens, die Kraft des Willens, die Kraft des Herzens." (Feuerbach)

„Es geht uns mit Büchern wie mit Menschen. Wir machen zwar viele Bekanntschaften, aber nur wenige erwählen wir zu unseren Freunden." (Feuerbach)

LEBENS- UND EXISTENZPHILOSOPHIE

Ungefähr zeitgleich entwickelten sich u. a. um Friedrich Nietzsche und Henri Bergson die Lebensphilosophie sowie die Existenzphilosophie um deren Begründer Søren Kierkegaard.

Die Hauptaussage der Lebensphilosophie war, dass die Philosophie sich zuvor nicht wirklich auf das Leben beziehen konnte, da sie zu festgefahren in Verallgemeinerungen, engen Begrifflichkeiten und abstrakten Denksystemen gewesen sei. Diese könnten lange nicht die Bandbreite des menschlichen Daseins und insbesondere der Gefühle berücksichtigen und insofern keine wahre Hilfe zur Weiterentwicklung und zum Verständnis menschlicher und gesellschaftlicher Prozesse sein. Daher sollte die Philosophie ihrer Meinung nach durch Intuition und dichterische Sprache ausgeübt werden.

Die Existenzphilosophen beschäftigten sich mit dem menschlichen Sein und versuchten zu ergründen, wie sich dieses entwickelt und worin dessen Sinn besteht. Kierkegaard, der nicht nur Philosoph, sondern auch Theologe und Psychologe war, führte einen Aspekt in die Philosophie ein, der zuvor nie bedacht worden war, und zwar die Angst.

Diese Erkenntnis war wohl die Schlussfolgerung aus seinem psychologischen und theologischen Hintergrund sowie seiner eigenen, von seinem Vater ererbten Schwermütigkeit. Er unterschied dabei Angst von Furcht, da Furcht seiner Auffassung nach auf eine bestimmte Sache bezogen sei, während Angst ohne äußeren Grund eintrete, und machte klar, dass Angst etwas vollkommen Natürliches sei, das in jedem Menschen vorkomme. Die Angst selbst sei weder negativ noch positiv, aber sie könne sowohl zur „Sünde", wie er es, abstellend auf einen biblischen Zusammenhang, nannte, als auch zu positiven Möglichkeiten führen. Denn die Angst stelle den Menschen vor eine Entscheidung und sei damit Inbegriff der Freiheit. Ohne Angst könne es laut Kierkegaard keine Freiheit geben. Wenn man Angst hat, stehe man schließlich vor der Wahl, wie man sich am besten verhält: Entweder gibt man der Angst nach und zieht sich tatenlos zurück oder man lässt sich zum Risiko verführen oder man überlegt rational, wie man die Situation am besten nutzen kann.

So kann Angst als Motor der menschlichen Entwicklung gesehen werden – wie diese Entwicklung aussieht, liegt dann bei jedem Menschen selbst. Ebenfalls die Subjektivität des Denkens, Fühlens und Entscheidens ist eine zentrale Feststellung von Kierkegaard. Jeder Mensch sehe sich und die Welt unterschiedlich und handle auf dieser Basis auch unterschiedlich. Die subjektive Wahrnehmung zu verändern, ist demnach eine Voraussetzung dafür, die Angst als Chance zu nutzen. Mit diesen Feststellungen lieferte Kierkegaard eine maßgebliche Basis für die Psychoanalyse und Verhaltenstherapie.

Unter den Existenzphilosophen befand sich u. a. auch Martin Heidegger, der sich in seinem Werk „Sein und Zeit" 1927 mit der Frage nach der Existenz des Seins beschäftigte. Die Bestätigung für dieses sah er darin, dass der Mensch räumlich vorhanden sei, sowohl am aktuellen Ort als auch in der Welt, und aus dieser räumlichen Existenz eine zeitliche Existenz resultiere. Der heutige Philosoph Peter

Trawny erklärt, dass hiermit gemeint ist, dass die menschliche Existenz eine Weltoffenheit beinhalte und der Mensch umgekehrt die Offenheit der Welt für seine Existenz benötige.

Auch die Schriftsteller Jean-Paul Sartre und Albert Camus zählen zu den Existenzphilosophen. Sartre (1905 bis 1980) vertrat die Ansicht, dass der Mensch sich als einziges Wesen über seine Existenz bewusst und aus diesem Grund zur Freiheit verdammt sei, sodass er selbst für sein Denken und Handeln verantwortlich sei.

In diesem Fluch sah er aber auch eine große Chance, nämlich so zu leben, wie man es will, und die Welt nach den eigenen Vorstellungen zu erschaffen. Demnach muss man nichts einfach hinnehmen und kann sowohl sein eigenes Verhalten als auch die Gesellschaft ändern. Albert Camus entwickelte 1942 die „Philosophie des Absurden". Er wollte zwar nicht dem Existenzialismus zugerechnet werden, jedoch wird er es aufgrund seiner Ansicht, die Welt sei grundsätzlich absurd und sinnlos, sodass sie für den Menschen niemals verständlich sein könnte. Der Mensch könne das Gefühl der Absurdität akzeptieren und geistig darüber stehen, sodass er seine Würde behalte; später aber schlug er vor, dass die Menschen sich gegen das Absurde auflehnen sollten, um ihre Würde zu bewahren. Insbesondere beschäftigte ihn bei alldem die Frage, wie der Mensch richtig handeln kann, wenn er auf sich allein gestellt ist, also keine Hilfe von Gott erhält.

Weisheiten zum Mitnehmen

„Das Vergleichen ist das Ende des Glücks und der Anfang der Unzufriedenheit." (Kierkegaard)

„Die Welt, so mangelhaft sie auch ist, sie ist dennoch schön und reich. Denn sie besteht ja aus lauter Gelegenheiten zur Liebe." (Kierkegaard)

„Der Glaube besteht darin, dem Ungewissen mit leidenschaftlicher Überzeugung anzuhängen." (Kierkegaard)

„Es gehört Mut dazu, sich so zeigen zu wollen, wie man in Wahrheit ist." (Kierkegaard)

„Das Bedenklichste in unserer bedenklichen Zeit ist, dass wir noch nicht denken." (Heidegger)

„Die Sprache ist das Haus des Seins." (Heidegger)

„Lache das Leben an! Vielleicht lacht es wider." (Sartre)

„Es gibt eine Menge Leute auf der Welt, die in der Hölle sind, weil sie zu sehr vom Urteil anderer abhängen." (Sartre)

„Der Mensch ist nichts anderes, als was er selbst aus sich macht." (Sartre)

FRAUEN IN DER PHILOSOPHIE

In den letzten Jahrzehnten hat die Entwicklung der Philosophie nicht stillgestanden, jedoch auch (aus aktueller Sicht) keine bahnbrechenden Erkenntnisse hervorgebracht – mit einer Ausnahme: Seit Kurzem wird dem weiblichen Geschlecht nicht mehr die Fähigkeit zum Philosophieren abgesprochen.

So sehr die Philosophen der vergangenen Jahrtausende auch damit beschäftigt waren, Sinn und Unsinn, Sein und Nichtsein, Gerechtigkeit und Ungerechtigkeit, Weisheit und Unwissen zu erforschen, kamen die allermeisten im Hinblick auf die Geschlechterrollen nicht aus dem eingefahrenen Denken ihrer Zeit heraus. Frauen seien nicht in der Lage, Philosophen zu sein, postulierten auch diejenigen, die nicht ausdrücklich frauenfeindlich eingestellt waren. Wenige Ausnahmen waren zum Beispiel Pythagoras, der sowohl Männer als auch Frauen in seinen Lehren unterrichtete, und John Stuart Mill, der als erster europäischer Parlamentarier forderte, dass Männer und Frauen die gleichen Rechte haben sollten.

Das bedeutet nicht, dass es keine Philosophinnen gab, jedoch, dass sie nicht gehört wurden und wohl die meisten bis heute unbekannt bleiben. Die allgemeine Entwicklung der jüngsten Geschichte, in der Gleichberechtigung verfassungsmäßig garantiert ist und feministische Bewegungen eine Revolution des Denkens (vieler, aber lange nicht aller) herbeigeführt haben, hat als logische Konsequenz, dass Frauen auch in der Philosophie akzeptiert werden.

Doch so, wie längst keine Einkommensgleichheit oder ausgewogene Verteilung beider Geschlechter auf alle Berufsgruppen existiert, ist auch in der Philosophie der Entwicklungsprozess zwar angestoßen, aber noch lange nicht am Ziel. Um auch den Frauen in der Philosophie gerecht zu werden, möchte ich Ihnen zum Abschluss ein paar der wenigen bekannten weiblichen Philosophen vorstellen:

Hypatia von Alexandrien war die einzige berühmte Philosophin, Mathematikerin und Astronomin der griechischen Antike. Sie wurde als geistreiche Denkerin und Wissenschaftlerin gefeiert und unterrichtete als einzige Frau ihre Lehren öffentlich. Unter anderem stellte sie schon damals fest, dass die Erde um die Sonne kreist. Ihr Wissen geriet jedoch für fast zwei Jahrtausende in Vergessenheit, nachdem sie grausam ermordet wurde.

Émilie du Châtelet war eine Mathematikerin und Philosophin in der Zeit der Frühaufklärung. Sie vertrat die Ansicht, dass jeder etwas für sein Glück tun könne, egal, aus welcher Gesellschaftsschicht er komme. Als zentralen Aspekt der Glückseligkeit sah sie das Streben nach Bildung. Außerdem kritisierte sie die damalige Rolle der Frau und betonte, dass Frauen die gleichen Rechte wie Männer haben sollten.

Hannah Arendt studierte Philosophie u. a. bei Martin Heidegger. Als 1933 die Nationalsozialisten in Deutschland an die Macht kamen, flüchtete die junge jüdische Philosophin in die USA. In ihren Schriften thematisierte sie insbesondere die Menschenrechte politischer Schutzsuchende, politische Gewalt und ihre Ursprünge, die Unbegreiflichkeit des Bösen und den Sinn der Arbeit.

Simone de Beauvoir war die Lebensgefährtin Jean-Paul Sartres, den sie im Studium kennengelernt hatte. Ursprünglich individualistisch eingestellt, entwickelte sie, nachdem er in deutscher Kriegsgefangenschaft gewesen war, existenzialistische Gedanken und zudem das Bestreben, ihre Philosophie für Solidarität, gesellschaftliche und politische Zwecke einzusetzen. Im Gegensatz zu Sartre dachte sie zudem über Moral im Existenzialismus nach. Sie begriff sich selbst jedoch nicht hauptsächlich als Philosophin, sondern als Schriftstellerin.

Weisheiten zum Mitnehmen

„Ein Gefühl ist ein Engagement, das den Augenblick überschreitet." (de Beauvoir)

„Man kommt nicht als Frau zur Welt, man wird dazu gemacht." (de Beauvoir)

„Eine Welt, die Platz für die Öffentlichkeit haben soll, kann nicht nur für eine Generation errichtet oder nur für die Lebenden geplant sein; sie muss die Lebensspanne sterblicher Menschen übersteigen." (Arendt)

„Die traurige Wahrheit ist, dass das meiste Böse von Menschen gemacht wird, die sich zwischen Böse und Gut nicht entschieden haben." (Arendt)

„Um glücklich zu sein, muss man seine Vorurteile abgelegt und seine Illusionen behalten haben." (du Châtelet)

„Lasst uns für uns selbst unseren Lebensweg wählen und lasst uns versuchen, ihn mit Blumen zu übersäen." (du Châtelet)

„Die Dinge zu verstehen, die direkt vor unserer Tür liegen, ist die beste Vorbereitung darauf, die Dinge zu verstehen, die dahinter liegen." (Hypatia)

„Verteidige dein Recht zu denken. Denken und sich zu irren, ist besser, als nicht zu denken." (Hypatia)

Philosophische Übungen und Tipps für den Alltag

Hier nun die eingangs versprochenen Tipps und Übungen, mit denen Sie philosophisches Denken und Handeln in Ihren Alltag integrieren können. Es sind nur einige Ideen, die Sie gleichzeitig dazu anregen können, Ihre eigenen Ideen für philosophische Übungen zu entwickeln –

ganz im Sinne der Philosophie, in der nichts ab-
schließend ist.

GEDANKEN AUFSCHREIBEN

Wenn die alten und neueren Philosophen nicht in
Schriften festgehalten hätten, was sie in ihren Köp-
fen entwickelt haben, dann wüsste heute niemand
etwas über ihre Philosophie. Einige, wie zum Beispiel Kierkegaard, führten sogar Tagebücher.

Dies ergibt Sinn, denn alles Denken findet zwar
im Kopf statt, doch geht es so schnell und wird oft
durch andere Gedanken überlagert, dass vieles ver-
loren geht oder ungeordnet ist, wenn man versucht,
es nur im Kopf zu erfassen. Die Gedanken aufzuschreiben, kann helfen, sie zu ordnen, Struktur hin-
einzubringen und Zusammenhänge zu erkennen, sodass man sie besser weiterentwickeln kann. Außerdem erkennen Sie dann nicht nur Ihre eigenen inneren Vorgänge, sodass Sie sich selbst besser verstehen, sondern Sie haben auch schon eine schriftliche
Sammlung, falls Sie irgendwann auf die Idee kommen, Ihre Gedanken mit der Welt zu teilen.

Da das Denken meist nicht auf Kommando
kommt oder geht, sondern oft plötzlich und uner-
wartet Gedanken durch den Kopf schießen,

empfehle ich Ihnen, immer ein kleines Notizbuch und einen Stift bei sich zu tragen. Zwar ist handschriftliches Schreiben heutzutage „out" geworden, jedoch entspricht es mehr dem traditionellen Geist der Philosophie und die Notizen bleiben auch erhalten, wenn die Technik einmal versagt.

Sie müssen kein konsequentes Tagebuch führen, denn vielleicht denken Sie einige Tage nichts, was sich in philosophischer Hinsicht aufzuschreiben lohnt, und meist ist es so, dass die Freude an einer Sache durch den Zwang verdorben wird. Tragen Sie also einfach Ihr Notizbuch bei sich und schreiben Sie immer dann, wenn die Gedanken zu Ihnen kommen.

DISKUTIEREN

Eine weitere Methode, die bis in die Ursprünge der Philosophie zurückgeht, ist das Diskutieren. Wenn nicht Philosophen gleicher und unterschiedlicher Meinung miteinander über ihre Gedanken gesprochen hätten, dann hätte jeder nur für sich allein seine eigenen Theorien entwickelt (was freilich auch teilweise der Fall war).

Durch den Austausch mit anderen ist es möglich, seine eigenen Gedanken weiterzuentwickeln, indem man Aspekte einbezieht, an die man selbst nicht gedacht hat. Auch kann man seine eigenen Theorien aus einer anderen Perspektive betrachten, da man sich die Meinung anderer hierüber anhört. Es heißt zwar: „Viele Köche verderben den Brei", doch dies gilt nur in den Bereichen des Lebens, wo unterschiedliche Ideen nicht gleichzeitig angewendet werden können, wie zum Beispiel beim Kochen, bei handwerklichen Arbeiten oder in der Erziehung. In der Wissenschaft und speziell in der Philosophie sind verschiedene Ideen und Herangehensweisen jedoch eine Bereicherung, da man sich so gegenseitig voranbringen und eine Vielzahl von Ergebnissen entwickeln kann.

Und nicht zuletzt bringt es Spaß, mit Freunden über Fragen zu diskutieren, die einen beschäftigen. Suchen Sie sich also einen oder mehrere Menschen in Ihrem Umfeld, die ebenfalls Interesse an Philosophie haben, und setzen Sie sich regelmäßig in kleinen Gesprächsrunden zusammen, um sich über Ihre Gedanken auszutauschen.

MIT VERSTAND LEBEN

„Habe Mut, dich deines eigenen Verstandes zu bedienen" – das gilt nicht nur für Politik und Gesellschaft, sondern auch für das eigene Leben. Die meisten

Menschen leben einfach vor sich hin, ohne über sich selbst zu reflektieren. Dies ist ein Grund für Unachtsamkeit in Bezug auf die eigene Gesundheit, die psychische Verfassung und den Sinn des Lebens.

Man denkt, fühlt und handelt zwar, jedoch auf unkontrollierte Art – oder, besser gesagt, auf falsch kontrollierte Art. Denkt man nicht über das eigene Denken und Fühlen nach, geschieht dies nach bestimmten Mustern, die sich unbewusst im Laufe des Lebens durch Erfahrungen einprägen. Diese Muster bestimmen dann, was Sie in welchen Situationen denken und fühlen und wie Ihr genereller Gemütszustand ist. Genauso findet das Handeln in schematischen, unbewussten Abläufen statt. Sie machen es so, weil Sie es schon immer so gemacht haben oder andere es auch so machen.

Diese eingespeicherten inneren und äußeren Zwänge beherrschen Sie, wie die Bürger in Zeiten des Absolutismus durch die Monarchen beherrscht wurden. Dass Ihre festgefahrenen Schemata sich teils nachteilig auf Ihr Leben auswirken oder schlichtweg nicht dem entsprechen, was Sie in Ihrem Inneren eigentlich wollen, ist Ihnen nicht bewusst, und so ändern Sie sie auch nicht, auch wenn Sie das unbestimmte Gefühl haben, dass Sie mit etwas in Ihrem Leben nicht zufrieden sind. Deshalb fragen Sie sich, wann immer Sie etwas denken, fühlen oder tun: Warum denke, fühle, tue ich das? Will ich das wirklich? Was will ich stattdessen? Wie kann ich das erreichen? Diese Fragen sind die Basis für ein selbstbestimmtes Leben.

ÄNDERN ODER AKZEPTIEREN

Eine wichtige Weisheit, die auf den Stoizismus zurückgeht, lautet: Die Dinge, die man nicht ändern kann, muss man akzeptieren. Denn ansonsten reibt man sich an den dauernden negativen Gedanken auf, verzweifelt und wird unglücklich. Anstatt seine Energie auf Gedanken über unabänderliche Geschehnisse zu vergeuden, sollte man sie für sinnvollere Dinge einsetzen.

Das bedeutet nicht, dass Sie alles, was Ihnen und auf der Welt geschieht, widerspruchslos hinnehmen sollen. Die Devise lautet: „Ändere, was du nicht akzeptieren kannst, und akzeptiere, was du nicht ändern kannst." Wenn Sie über einen Zustand in Ihrem eigenen Leben, in Ihrem Umfeld oder im Weltgeschehen verärgert oder betrübt sind, dann denken Sie also darüber nach, ob es in Ihrer Macht steht, diesen Zustand zu ändern. Wenn Sie mit „ja" antworten, dann überlegen Sie sich konstruktiv, was Sie für eine positive Veränderung tun können. Wenn die Antwort „nein" ist, dann freunden Sie sich mit der Situation an, denn wenn etwas nicht geändert werden kann, gehört es laut der alten Lehren zum universellen Lauf der Dinge, der einen höheren Sinn hat, den wir Menschen nicht immer verstehen.

Statt in negative Gedanken zu verfallen und sinnlos darüber nachzudenken, wie Sie das Unveränderbare ändern könnten, überlegen Sie sich stattdessen, wie Sie mit diesem Zustand am besten leben können, sodass er für Sie keine Nachteile hat. Bedenken Sie dabei immer: Der größte Nachteil besteht in den negativen Gedanken selbst, da Sie sich hierdurch schlecht und kraftlos fühlen. Daher gilt es, die Gedanken auf positive Aspekte der Situation oder positive Ziele, die sich trotz der Situation verwirklichen lassen, zu richten.

DIE FOLGEN IHRES VERHALTENS BEDENKEN

„Was du nicht willst, dass man dir tu', das füg' auch keinem andren zu", besagt ein altes, von Kant zitiertes Sprichwort. Um für mehr Gerechtigkeit und eine nachhaltig bessere Welt zu sorgen und mit sich selbst im Reinen zu sein, sollte diese Maxime Ihr ständiger Begleiter sein.

Jedes Verhalten eines Menschen kann potenziell einen Schaden für andere Menschen oder die Welt auslösen; dessen sollte man sich bewusst sein. Alles kann man nicht bedenken und einiges ist unvermeidbar, man kann seine Handlungen jedoch so weit anpassen, dass sie so wenig wie möglich schädigend wirken können. So schädigen wir zum Beispiel in unserem täglichen Ablauf durch das Benutzen von Wasser, Strom, Heizung, in Fabriken hergestellten Produkten und Autofahren die Umwelt, auch wenn wir von unserem Einfluss nicht direkt etwas merken.

Alles kann man nicht vermeiden, aber man kann zum Beispiel darauf achten, dass man die Ressourcen nicht verschwenderisch benutzt, Strom aus erneuerbaren Energien bezieht, mit einem sparsamen Auto und so wenig wie möglich fährt und nicht unnötig Dinge wegschmeißt und neu kauft. Wichtig ist, sich darüber Gedanken zu machen, welche Folgen das eigene Handeln für andere Menschen und die Natur haben könnte, um mit mehr Aufmerksamkeit durch das Leben zu gehen und auf die Art die Wahrscheinlichkeit, dass Sie wirklich einen Schaden verursachen, zu verringern. Eine Gewissheit dafür gibt es nicht, aber das verantwortungsvolle Verhalten an sich zählt auch. Insbesondere gilt es natürlich, nicht absichtlich jemanden oder etwas zu schädigen, also zum Beispiel niemanden körperlich oder verbal anzugreifen, zu diskriminieren oder Müll in die Landschaft zu werfen.

UNGERECHTIGKEIT ERKENNEN – ENGAGEMENT ZEIGEN

Auch, wenn viele Philosophen und andere Menschen vor unserer Zeit versucht haben, die Welt zu einem gerechten Ort zu machen, ist sie weit davon entfernt, dies auch zu sein – nicht nur im globalen Sinn, sondern auch vor unserer eigenen Haustür. Ein Thema Ihrer philosophischen Gedanken sollte daher sein, darüber nachzudenken, wo es überall Ungerechtigkeit gibt, angefangen in Ihrem direkten Umfeld bis in die globale Welt, wie sich diese äußert und wie man sie verringern könnte.

Ungerechtigkeiten sind nicht nur soziale Ungleichheiten, Menschenrechtsverletzungen oder Ausbeutung, sondern zum Beispiel auch Mobbing unter Kollegen oder das Aussetzen von Tieren an der Autobahn. Die wenigsten der ungerechten Zustände können Sie selbst unmittelbar abstellen, jedoch können Sie sich überlegen, wie Sie im Rahmen Ihrer Möglichkeiten einen Beitrag zu einer gerechteren Welt leisten können. Zum Beispiel können Sie bei einem sozialen Projekt in Ihrer Nähe helfen, Produkte aus Fairtrade kaufen, einer Tierschutzorganisation Geld spenden oder in Ihrem Bekannten- und Kollegenkreis darauf achten, dass niemand ausgegrenzt oder beleidigt wird.

Indem Sie Engagement für Gerechtigkeit zeigen, verbessern Sie nicht nur die Welt, sondern auch Ihr Selbstwertgefühl, da Sie etwas Sinnvolles für andere tun.

ÜBERLEGEN, WAS WIRKLICH IM LEBEN ZÄHLT

Der Mensch verbringt viel Zeit damit, Geld und materiellen Dingen nachzujagen und um Anerkennung bei seinen Mitmenschen zu konkurrieren. Außerdem hängt er oft in negativen Gedanken über die Vergangenheit und Sorgen über die Zukunft fest. So ist man kaum jemals zufrieden, denn man beschäftigt sich hauptsächlich mit dem, was einem schlechte Gefühle verursacht, und dem, was man vermeintlich erreichen muss. Zwischen den trüben Gedanken über Vergangenes und Zukünftiges bleibt praktisch kein Raum für den Moment, in dem Sie gerade leben, und während Sie äußeren „Werten" hinterherhetzen, vergessen Sie Ihr Inneres und die immateriellen Geschenke des Lebens.

Deshalb sollten Sie in sich gehen und sich darüber klar werden, was für Sie wirklich wichtig ist, und zwar unabhängig von der Meinung, die Sie durch allgemeine gesellschaftliche Ansichten übernommen haben. Schon die alten griechischen und chinesischen Philosophen wussten: Glück liegt nicht im Äußeren, nicht im Materiellen und nicht in Vergangenem oder Zukünftigem. Nur im eigenen Inneren, in beständigen, von äußeren Veränderungen unabhängigen immateriellen Werten und im gegenwärtigen Augenblick kann man das Glück finden und erleben.

UNEHRLICHKEITEN ERKENNEN UND ABSTELLEN

„Es kann sein, dass nicht alles wahr ist, was ein Mensch dafür hält, denn er kann irren, aber in allem, was er sagt, muss er wahrhaftig sein", erkannte Kant und Fichte wusste, dass die Lüge ein „Selbstmord des Geistes" ist. Die Wahrheit spielte schon immer eine große Rolle in der Philosophie, zum einen als

Ziel der Wissenschaft und der Ergründung des Seins, zum anderen als Kernaspekt der Tugend.

Ein tugendhaftes Leben beinhaltet nicht nur gerechtes, moralisch richtiges Handeln, sondern auch Aufrichtigkeit und Tapferkeit. Beides beweisen Sie, wenn Sie ehrlich sind – sowohl zu anderen als auch zu sich selbst. Lügen dienen meist dazu, sich einen Vorteil zu verschaffen oder einen Nachteil zu vermeiden, oder man betrügt sich selbst, da man mit der Wahrheit nicht klarkommt.

Ehrlich zu sein, heißt insofern, mutig zu sein, da man sich selbst und anderen eingesteht, dass man etwas falsch gemacht hat oder anderer Meinung ist. Man muss mit Kritik rechnen, seinen Fehler ggf. wiedergutmachen und hat das Gefühl, ein wenig zu schrumpfen und weniger „gut" zu sein. In Wirklichkeit wird man dadurch aber besser und größer, da man anderen gegenüber Respekt zeigt, seine Angst vor dem Nachteil besiegt und den Tatsachen ins Auge schaut, was auch bedeuten kann, dass man an sich arbeiten und sich dafür anstrengen muss. Zur Übung gehen Sie in sich und denken Sie darüber nach, in welchen Situationen Sie dazu neigen, andere oder sich selbst zu belügen, und versuchen Sie, das in Zukunft zu vermeiden.

BILDUNG UND
HORIZONTERWEITERUNG

Sie erinnern sich bestimmt noch, dass Philosophie „Liebe zur Klugheit" bedeutet. Der Geist eines Philosophen steht selten still und wenn er nicht über das Sein oder den Sinn der Welt nachdenkt, dann forscht er und bildet sich weiter, denn je mehr man weiß, desto mehr kann man verstehen.

Sie brauchen dafür keine neuen mathematischen Formeln zu entwickeln oder Quantenphysik zu studieren, sondern es geht um jegliche Wissenserweiterung. Sie können sich zum Beispiel über andere Kulturen informieren, Sachbücher zu verschiedenen Themen lesen oder einfach die Nachrichten hören, kritisch darüber nachdenken und Ihre eigene Meinung entwickeln. Sie können Bildung auch aktiv erleben, indem Sie in andere Länder reisen, Museen besuchen oder ältere Menschen nach geschichtlichen Ereignissen, welche diese miterlebt haben, fragen. Sie können auch Freunde und Bekannte über ihre verschiedenen Berufe und ihren Glauben befragen oder Sie machen Ausflüge in die Natur, beobachten die Tiere und Pflanzen und denken darüber nach, wie dieses natürliche Leben sich über Jahrmillionen auf unserem Planeten entwickelt hat.

Fazit: Ich denke, also bin ich – oder nicht?

Das Denken als Schlüssel zum Dasein – das ist wohl die große Gemeinsamkeit zwischen (fast) allen Philosophen, wenn auch in sehr unterschiedlicher Interpretation. Descartes sah seine Gedankenbewegungen als Beweis dafür, dass er ein reales Wesen und nicht nur ein Fantasiegebilde aus Luft war.

David Hume sagte, die Gedanken seien die größte Freiheit, die ein Mensch haben kann – in einer Epoche, in der die Freiheit des Menschen als essenzieller Aspekt des Daseins erkannt wurde. Buddha meinte sogar, dass der Mensch mit seinem Denken sich selbst und die Welt erschafft – eine These, die auch im Idealismus und Existenzialismus wiederaufgegriffen wurde.

Kant sah die Anwendung des Verstandes, also das rationale Nachdenken, als Basis dafür, dass die Bürger die Gesellschaft – und damit auch ihr Dasein – in ihrem Sinne verändern können. Platon verstand das Denken als höchste Form der Kommunikation und Selbstfindung, sollte es schließlich ein „Selbstgespräch der Seele" sein. Hypatia wusste, dass das freie Denken ein Recht ist, das man um keinen Preis aufgeben darf.

Ob wir nun als körperliche Materie, als Seele (mit oder ohne Materie) oder doch einfach als Einbildung unserer selbst denken, wird wohl eine ewig umstrittene philosophische Frage bleiben. Letzten Endes spielt es keine Rolle – denn „wir", was auch immer das ist, denken. Also muss irgendein „Sein" von uns existieren, und wenn es nur die Gedanken selbst sind.

Wie Sie „Denken" definieren möchten und über welche Fragen und Themen Sie nachdenken, bleibt ganz Ihnen selbst überlassen. Die Philosophen vergangener Zeiten haben auch einfach gedacht, was und wie sie denken wollten – so liegt es in der Natur der Philosophie. Wie ein roter Faden ziehen sich durch die Epochen der Geschichte und die verschiedenen Kulturen jedoch das Ziel, das Sein und die Welt besser zu verstehen, und die Absicht, sich selbst zu einem besseren Menschen und die Welt zu einem besseren Ort zu machen. In diesem Sinne – um noch einmal Kant zu zitieren: Haben Sie Mut, sich Ihres Verstandes zu bedienen.

Herstellung und Verlag:

BoD – Books on Demand, Norderstedt

ISBN: 9783753425160

Kontakt: Psiana eCom UG/ Berumer Str. 44/ 26844 Jemgum

Covergestaltung: Fenna Larsson

Coverfoto: depositphotos.com